Vulkane 37	Das alte Rom 38	Hunde 39	Wasser 40	Flugmaschinen 41	Große Musiker 42
Pferde 43	Kriminalistik 44	Säugetiere 45	Wetter 46	Fossilien 47	Pflanzen 48
Wikinger 49	Evolution 50	Computer 51	Raubtiere 52	Fußball 53	Der Zweite Weltkrieg 54
Strand & Meeresküste 55	Islam 56	Mond 57	Das moderne China 58	Geld 59	Pyramiden 60
Waffen & Rüstungen 61	Edelsteine & Kristalle 62				

Alphabetische Reihenfolge der Bände auf der letzten Seite

Strand & Meeresküste

Strand & Meeresküste

Text von
Steve Parker

Polstersterne

Gewöhnliche Felsgarnele

Eisstern

Schlangenstern

Strandflieder

Trottellummeneier

Möwenfeder

DK
DORLING KINDERSLEY
London, New York, Melbourne, München und Delhi

Cheflektorat Sue Unstead, Andrew Macintyre
Lektorat Sophie Mitchell, Kitty Blount
Projektbetreuung Elizabeth Eyres
Redaktion Karen O'Brien
Fachliche Beratung Natural History Museum, London
Bildredaktion Miranda Kennedy, Roger Priddy,
Jane Thomas, Martin Wilson, Ann Cannings
DTP-Design Siu Yin Ho
Bildrecherche Lorna Ainger
Fotos Dave King
Herstellung Jenny Jacoby
Umschlaggestaltung Carol Davis

Für die deutsche Ausgabe:
Programmleitung Monika Schlitzer
Projektbetreuung Janna Heimberg
Herstellungsleitung Dorothee Whittaker
Herstellung Anna Ponton

Ausgetrocknete Algen

Wachsrose

Kiefernzapfen

Feder eines großen Brachvogels

Napfschnecke

Seenadel

Bibliografische Information der Deutschen Bibliothek
Die Deutsche Bibliothek verzeichnet diese Publikation in der
Deutschen Nationalbibliografie;detaillierte bibliografische Daten
sind im Internet über http://dnb.ddb.de abrufbar.

Titel der englischen Originalausgabe:
Eyewitness Seashore

© Dorling Kindersley Limited, London, 1989, 2003
Ein Unternehmen der Penguin-Gruppe

© der deutschsprachigen Ausgabe by
Dorling Kindersley Verlag GmbH, München, 2012
Alle deutschsprachigen Rechte vorbehalten

Übersetzung Margot Wilhelmi, Eva Sixt (S. 64–71, Poster)
Satz Roman Bold & Black

ISBN 978-3-8310-2056-0

Colour reproduction by Colourscan, Singapore
Printed and bound in China by Toppan

Besuchen Sie uns im Internet
www.dorlingkindersley.de

Europäischer Hummer

Inhalt

Zwischen Wasser und Land	6		
Küstenformen	8		
Küstenprofil	12	Hart gepanzert	44
Pflanzen am Meer	16	Partnerschaften	48
Algen im Meer	18	Tarnung	50
Grün-, Braun- und Rotalgen	20	Leben auf den Klippen	52
Algenwälder	22	Nahrung aus dem Meer	54
Muscheln und Schnecken	26	Strandbesucher	56
Fester Halt	28	Strandwanderer	58
Gezeitentümpel	30	Schutz unserer Küsten	62
Fische der Gezeitentümpel	34	Wusstest du das?	64
Blumentiere	36	Schutz unserer Küsten	66
Nesseltiere	38	Neugierig geworden?	68
Seesterne	40	Glossar	70
Bohr- und Baumeister	42	Register	72

Zwischen Wasser und Land

Zwei Drittel unseres Planeten sind von Wasser bedeckt. Jede größere oder kleinere Landmasse, vom riesigen Kontinent Eurasien bis zur noch so kleinen Pazifikinsel, ist von Wasser umgeben und somit von Küsten gesäumt. Während die Küstenlinien gewaltige Strecken ergeben, beträgt die Breite des Küstensaums oft nur wenige Meter. Dieser schmale Streifen aber hat seine Besonderheiten, gehört er doch zum Meer und gleichzeitig zum Land. Der Wasserspiegel steigt und fällt mit den Gezeiten, sodass manche Küstengebiete mal trockenliegen, mal überflutet sind. Von keinem Hindernis geschwächt, trifft der Wind mit voller Kraft auf die Küste und treibt Wellen in steter Brandung gegen das Land. Gezeiten, Wind, Wellen, Wasserströmungen, Temperatur, Klima und das anstehende Gestein: Diese Faktoren machen jede Küste zu einem einzigartigen Lebensraum, dessen Pflanzen und Tiere dem Binnenländer oft fremdartig und grotesk erscheinen. Dieses Buch vermittelt Einblicke in die Welt zwischen Wasser und Land und zeigt die Anpassungen der Bewohner dieses ständigen Veränderungen unterworfenen Lebensraums.

Küstenformen

Seit Jahrmillionen branden die Wellen im Abstand von wenigen Sekunden an die Küsten der Meere. Vom Wind erzeugt und gegen das Land getrieben, zeigen sie sich bei ruhigem Wetter als leichte Kräuselung der Wasseroberfläche, bei starkem Wind aber branden sie als schäumende Wogen an Felsküsten und Sandstrände. Bei Sturm schlagen große Brecher auf das Küstenland. Die Wellen tragen in dreifacher Hinsicht zur Küstenerosion bei. Erstens üben sie hydraulischen Druck aus, wenn sie sich am Strand brechen. Zweitens entsteht durch an den Fels geschleudertes Wasser auch ein pneumatischer Druck wie bei einem Luftgewehr: Im Wasser eingeschlossene Luftblasen werden in die kleinsten Spalten und Höhlungen gedrückt. Dadurch werden kleine Spalten vergrößert. Durch die so entstandenen Gänge wird von den Wellen gischtbeladene Luft emporgeschleudert, dabei entstehen manchmal sogar Töne. Drittens reiben Steine aller Größen und Formen gegeneinander. Riesige Felsbrocken und kleine, an den Strand gespülte Sandkörner stellen eine gewaltige Mühle dar. Unter der Macht dieser Erosionsgewalten verändert sich jede Küste.

WER GEWINNT?
Die ständige Erosion trägt immer mehr Land von den Küsten ab. Andererseits wird auch neuer Boden angeschwemmt. Pflanzen wie der Strandhafer verhindern die Erosion an Sanddünen, indem sie den Sand mit ihren Wurzeln festhalten und geschützte Sandtaschen für das Wachstum anderer Pflanzen schaffen.

AUF DEM WEG ZUM SAND
Das Meer zermahlt große Felsblöcke nach und nach zu Steinen, Kieseln wie den abgebildeten, Grobsand und schließlich Feinsand.

BRANDUNG
Wenn sich die Wellen an der Küste brechen, erzeugen sie einen ungeheuren Druck. Dieser Druck ist mit bis zu 25 t pro Quadratmeter 30-mal stärker als der Druck, den wir mit unseren Füßen auf den Boden ausüben.

DIE FLUT KOMMT
Die Gezeiten warten auf niemanden, sodass man auf einer Wattwanderung bei auflaufendem Wasser rechtzeitig den Heimweg antreten muss.

Sonne   Mond   Wasserberg   Erde

GEWALTEN AUS DEM ALL
Ursache für die Gezeiten, d. h. für Ebbe und Flut, ist die Anziehungskraft, die der Mond und in geringerem Maß auch die Sonne auf die Erde ausüben. Sie erzeugen einen Wasserberg, durch den sich die Erde dreht. Wenn Sonne und Mond, wie in der Abildung, zusammenwirken, ist der Wasserbauch am größten und mit ihm auch die Wasserstandsdifferenz der Gezeiten (S. 12).

Steinhart

Die Art des anstehenden Gesteins bestimmt als ein wichtiger Faktor den Charakter einer Küste. Hartes Gestein wie Granit, Basalt und manche Sandsteine widersteht der Erosion und bildet oft Küstengebirge mit steilen Klippen, auf denen Pflanzen Fuß fassen können (S. 16).

Durch das Mineral Orthoklas rosa gefärbter Granit

KÖRNIGES GESTEIN
Granit ist ein Erstarrungsgestein. Er besteht aus geschmolzenem und dann wieder ausgehärtetem Gestein, in dem die einzelnen Mineralien kristallisiert sind, beim grobkörnigen Granit sind die Kristalle relativ groß.

Durch das Mineral Plagioklas weiß gefärbter Granit

VERÄNDERLICHE FÄRBUNG
Wird Granit durch Wellen und Wetter abgetragen, werden die weniger widerstandsfähigen Bestandteile, z. B. Feldspat, zu weicheren, tonartigen Substanzen. Quarz- und Glimmeranteile sind viel härter: Sie lösen sich vom weichen Ton und werden schließlich zum Sand am Strand.

VULKANINSEL
Dieses Lavagestein von der Insel Madeira vor Nordwestafrika ist von Löchern durchsetzt, die durch Gasblasen beim Erstarren entstanden.

Hexagonale Säulen: ein Erstarrungsmuster von Basalt

Sandsteinklippe

LAVAKÜSTE
Manche Küstenstriche bestehen aus erstarrten Lavaströmen, so auch diese auf Hawaii.

NATÜRLICHE SÄULEN
Ein weiteres hartes Erstarrungsgestein ist Basalt. Manchmal entstehen durch Erosion geometrische Säulen wie bei dieser 70 m tiefen Höhle an der Nordwestküste Schottlands, *Fingals Cave*, und den Riesentreppen des *Giant's Causeway* in Irland.

Einzelne Sandsteinsäule durch Zusammenbruch der Verbindungsbrücke zum Festland

EINST EIN STRAND
Die Körner dieses Sandsteins sammelten sich vielleicht an einem urzeitlichen Strand, wurden verdichtet und durch Bewegungen der Erdkruste aufgeworfen. Nun liegen sie oberhalb des Meeresspiegels auf einer Klippe.

Fortsetzung auf Seite 10

Felsen aus vergangenen Meeren

Viele weichere Gesteinsarten wie Kreide und Kalkstein sind Sedimentgesteine. Sie entstanden durch Ablagerung kleinster Kalkteilchen, hauptsächlich pflanzlichen und tierischen Ursprungs, auf dem Boden urzeitlicher Meere. Durch die ständige Ablagerung neuer Schichten an der Oberfläche wurden die darunterliegenden Schichten zusammengepresst und durch chemische Reaktionen zu festem Stein verbunden. Manchmal wurden ganze Pflanzen oder Tiere eingeschlossen. Diese versteinerten zu Fossilien.

VERSCHWINDENDE KÜSTE
Küstenstriche aus weichem Material wie Sand, Ton und anderen lockeren Bestandteilen werden von Wellen und Strömungen leicht weggespült. Um dies zu verhindern, werden an manchen Küsten hölzerne Barrieren, die Buhnen, ins Meer gebaut.

WERK DER WELLEN
Von einer Landzunge werden die anbrandenden Wellen auseinandergeschnitten, sodass sie seitlich auftreffen. Sand- oder Kalkfelsen können so unterseits völlig ausgehöhlt werden, sodass ein Bogen entsteht. Brechen solche Brücken zusammen, entstehen isolierte Felssäulen.

ENDE DER STRASSE
Wo das Küstengestein weich ist und leicht abbröckelt, sind schon ganze Gemeinden vom Meer verschlungen worden. Diese Straße führte einst zu Häusern, die nun unter dem Meeresspiegel liegen.

KAUM VERÄNDERT
Dieser fossile (versteinerte) Schlangenstern (S. 40) unterscheidet sich trotz seines Alters von etwa 200 Mio. Jahren kaum von heutigen Formen.

Seelilienstängel

DONNERKEILE
Dies sind die fossilen Innenschalen von Belemniten, urzeitlichen Tintenfischen.

GERIPPTE „STEINE"
Harte Schalen ergeben gute Fossilien wie bei diesen muschelähnlichen Armfüßern (S. 26). Da diese in Sedimenten versteinerten Tiere häufig vorkommen, helfen sie bei der Datierung.

TENTAKELN
Diese zarten Gebilde sind 200 Mio. Jahre alte Seelilien. Seelilien gehören wie die Seesterne zu den Stachelhäutern.

WEISSE KLIPPEN
Kreide ist ein Kalkgestein, das oft leuchtend weiße, hohe Klippen bildet. Hier sind die einzelnen nacheinander abgelagerten Sedimentschichten erkennbar. Am Fuß der Klippen findet man von der Klippe abgetragene Kreidebrocken neben vom Meer angespülten anderen Steinen.

Sedimentschichten

FOSSILIEN IN DER KREIDE
Kreide besteht aus mikroskopisch kleinen Meerespflanzen und -tieren. Manchmal sind größere Fossilien, z. B. Weichtierschalen, eingebettet.

FESTER SCHLAMM
Schiefer ist ein weiches Gestein, das entlang der Schichtgrenzen leicht bricht. Wo es offen liegt, wird es schnell abgetragen. Schiefer, der die Abbauprodukte von Meerespflanzen und -tieren enthält, heißt Ölschiefer. Durch Erhitzen kann man aus Ölschiefer Rohöl erhalten, die Energieausbeute ist jedoch recht gering.

Fossile Schalen in Kalkstein

GEBIRGE AUS MEERESBODEN
Kalkstein bildet atemberaubende Klippen, Bögen und Säulen. Die Abbildung zeigt hohe Sandsteinpfeiler in Südaustralien, die aus einem Plateau, einst Meeresboden, ausgewaschen wurden. Kalkstein ist ein Sedimentgestein und meist reich an Fossilien. Zerbrochene Gesteinsbrocken enthüllen oft die versteinerten Reste urzeitlicher Pflanzen und Tiere.

Kalksteine, durch Reibung an anderen Steinen am Strand rund geschliffen

Küstenprofil

Keine Küste gleicht der anderen. Trotzdem kann ein Biologe bei einer unbekannten Küste (besonders bei einer Felsküste) auf den ersten Blick sagen, wie hoch die Flut hier steigt und das Wasser bei Ebbe sinkt, ob es sich um eine Wind und Wellen ausgesetzte oder um eine geschützte Stelle handelt. Der Bereich zwischen Land und Meer ist in verschiedene Zonen gegliedert, mit ganz charakteristischen Pflanzen, Algen und Tieren, die unterschiedlich lang vom Meerwasser überflutet sein müssen. Ganz oben, oberhalb der Hochwassergrenze und nur gelegentlich von Gischt benetzt, liegt die Spritzwasserzone (Supralitoral). Hier findet man Landpflanzen und -tiere, die höhere Salzkonzentrationen vertragen. Flechten, Zwitterwesen aus Pilzen und Algen, gibt es hier ebenso wie vereinzelte Meeresschnecken (S. 26). Die untere Grenze der Spritzwasserzone wird in der Regel von Seepocken (S. 44) markiert, den ersten echten Meereslebewesen. Hier schließt die eigentliche Gezeitenzone (Eulitoral) an, die in regelmäßigen Abständen überflutet wird und wieder trockenfällt. In diesem Abschnitt finden sich Seepocken und Seegräser (S. 20–21). In der Niedrigwasserzone (Sublitoral) gibt es größere Braunalgen (S. 22–25). Ihre Grenze zum Ozean hin stellt die untere Verbreitungsgrenze der Großalgen dar.

HÄLT DEN SAND
Die Kriechstängel und kräftigen Wurzeln des Sandkrauts befestigen lockere Erde und Sand.

ZUNEHMEND SALZIGER
Von der Klippenspitze über regelmäßig benetzte und zeitweilig überflutete Zonen bis zur ständig unter Wasser liegenden Niedrigwasserzone nimmt der Einfluss des Salzwassers zu. In den einzelnen Zonen findet man charakteristische Pflanzen und Tiere.

Hochwasserlinie bei Springflut

DAS HÖCHSTE HOCHWASSER
Alle zwei Wochen befinden sich Sonne und Mond auf einer Linie mit der Erde. Zu dieser Zeit üben sie ihre maximale Anziehungskraft auf das Meer aus und erzeugen den größten Wasserberg (S. 8). Dann ist das Hochwasser (Flut) am höchsten und das Niedrigwasser (Ebbe) am niedrigsten (Springtide).

Hochwasserlinie des mittleren Hochwassers

MITTLERES HOCHWASSER
Die mittlere Hochwasserlinie markiert die obere Gezeitenzone. Das Hochwasser steigt im Lauf einer Woche, bis es die Springflutmarke erreicht. Im Lauf der nächsten Woche sinkt es dann täglich wieder tiefer. In der oberen Gezeitenzone werden die Tiere und Algen in jedem Gezeitenzyklus etwa ein bis zwei Stunden überflutet, bei Springflut auch länger.

VON SEEPOCKEN ÜBERKRUSTET
Seepocken (rechts) lassen sich auf jedem festen Untergrund nieder, auch auf Schiffsrümpfen. Da dieser Bewuchs die Geschwindigkeit der Schiffe bremst, werden Schiffsrümpfe heute meist mit einem Antibewuchs-Anstrich versehen, der die Ansiedlung junger Seepocken hemmt.

Mit ihren Rankenfüßen zieht eine Seepocke Nahrung in den unter den Schalenplatten liegenden Mund.

KAMPF IM SCHNECKENTEMPO
Manche Napfschneckenarten verteidigen ihre grünen „Algengärten" (S. 18). Hier versucht eine helle Napfschnecke, ins Nachbarrevier einzudringen. Die Revierinhaberin kriecht dem Eindringling entgegen und keilt ihre Schale unter die der „angreifenden" Schnecke, die sich dann geschlagen zurückzieht.

Seepocken

Mittlere und untere Gezeitenzone sind auf Seite 14 abgebildet.

FEDERNDER RASEN
Über der Hochwasserlinie befestigt das verflochtene Wurzelwerk von Gräsern den Boden und verhindert Erosion.

Humusnester in Spalten und Mulden auf der meerabgewandten Seite

SAFTIGE BEEREN
Die Sprosse der häufigen und anpassungsfähigen Brombeere kriechen über den Küstenrücken. Sie tragen im Spätsommer schwarze Beeren.

GELBE BLÜTEN
Der Hornmohn schmückt Kiesflächen, Sandstrände und Klippen mit seinen gelben Blüten.

Graues Mosaik: Lecanora

Graugrüne Büschel: Ramalina

BUNTE STEINE
Steine und Felsen im Bereich der Hochwasserlinie und darüber sind oft von bunten Flechten überwachsen. Jede Art bevorzugt andere Licht-, Gischt- und Windverhältnisse.

Gelbe Zweige: Xanthorina

Raue Strandschnecke

Der Rinnentang kommt in der obersten Gezeitenzone vor, sogar oberhalb der Hochwasserlinie. Er muss nur regelmäßig von Gischt benetzt werden.

Gemeine Napfschnecke

Schwarze Flecken: Veruccaria

Fortsetzung auf Seite 14

Fortsetzung von Seite 13

DIE NIEDRIGSTE FLUT
Auf jede Springtide folgt eine Nipptide. Wenn Sonne und Mond im rechten Winkel zueinander stehen, heben sich ihre Anziehungskräfte nahezu auf, sodass das Wasser weder bei Flut sehr hoch steigt noch bei Ebbe sehr weit abfließt. Festsitzende Lebewesen, die zumindest eine kurze Überflutung benötigen, kommen oberhalb der Nipptidengrenze nicht vor.

Hochwasserlinie bei Nipptide

Die Napfschnecke Patella aspera findet man in der unteren und mittleren Gezeitenzone.

GRASENDE SCHNECKEN
Purpurkreiselschnecken kriechen über die großen Tange und raspeln mit ihrer reibeisenartigen Zunge zarten Algenaufwuchs ab.

STRANDRÄUBER
Die räuberische Nordische Purpurschnecke „jagt" Miesmuscheln und Seepocken.

TANGLIEBHABER
Bunte Kreiselschnecken grasen auf Großtangen der unteren Gezeitenzone.

KEINE NASSEN FÜSSE
Miesmuscheln leben in Ästuaren und an Felsküsten, in der Regel in der unteren Gezeitenzone unterhalb des Seepockengürtels. Bei Niedrigwasser einer Springtide bekommt man beim Sammeln keine nassen Füße.

AUSTERNBOHRER
Die Stachelschnecke bohrt Austern, Miesmuscheln und Seepocken an und ernährt sich von deren Fleisch.

FESTER HALT
Die Sattelmuschel heftet sich an Felsen in der Niedrigwasserzone und im offenen Meer.

DAS HÖCHSTE NIEDRIGWASSER
Bei Nipptide steigt der Wasserspiegel nicht sehr hoch und fällt bei Ebbe nicht sehr tief. Der Tidenhub ist dann unter Umständen nur halb so hoch wie bei Springtide.

Niedrigwasserlinie bei Nipptide

MITTLERES NIEDRIGWASSER
Der untere Rand der Gezeitenzone wird von der mittleren Niedrigwasserlinie markiert. Hier sind die Lebewesen zumindest bei Nipptide ständig von Wasser bedeckt.

Mittlere Niedrigwasserlinie

Die großen Braunalgen liegen nur bei Springtiden-Niedrigwasser frei.

DER SEEPOCKENGÜRTEL
An offenen, ungeschützten Küsten findet man keine Großtange, da diese der ungebrochenen Gewalt von Wind und Wellen nicht widerstehen können. Hier nehmen Seepocken den Platz der Tange ein. An manchen Küsten bilden sie einen deutlichen Gürtel. An manchen australischen Küsten findet man über 120 000 Seepocken pro Quadratmeter.

Seepocken

NAHRUNG AUS DEM MEER
Viele festsitzende Lebewesen, z. B. diese Pferdemuscheln, sind auf winzige Schwebeteilchen im Meer, das Plankton, als Nahrung angewiesen.

Von Seepocken und Moostierchen überwachsene Miesmuscheln

EBBE
Bei Niedrigwasser einer Springtide kann man eine Felsküste am besten untersuchen.

Pflanzen am Meer

Kommt man an die Küste, beobachtet man zwei deutliche Unterschiede zum Binnenland: Zum einen ist es an der See windiger, da die Winde ungehemmt über das Meer wehen können, zum anderen ist die Luft salziger, da der Wind kleinste Salzwassertröpfchen von den Wellen heranträgt. Küstenpflanzen müssen mit den rauen Winden und, wenn sie in der Spritzwasserzone wachsen, mit der salzigen Gischt fertig werden. Meist sind Pflanzen am Meer kleinwüchsig und bieten so dem Wind kaum Angriffsflächen. Ein weiteres Problem der Küstenpflanzen, besonders auf Kies oder steinigen Klippen, ist der Wassermangel. Regen verdunstet schnell im Wind oder versickert in Felsspalten. Daher besitzen manche Arten wie der Meerfenchel dicke, fleischige, derbe Blätter, die viel Wasser speichern. Viele Pflanzen der Küstenregionen sind an trockene Bedingungen angepasst und auch an Trockenstandorten im Binnenland zu finden.

AM RANDE DES WASSERS
Küsten sind oft dicht besiedelt. Je höher und felsiger sie aber sind, desto weniger Menschen verirren sich dorthin und desto mehr Wildpflanzen und -tiere gibt es dort.

STRANDFLIEDER
Der Strandflieder gehört wie die Grasnelke (links) zu den Grasnelkengewächsen. Mit dem echten Flieder ist er nicht näher verwandt.

STRANDNELKE
Die Gemeine Grasnelke bildet Polster, die einen Windschutz darstellen. Ihre Blüten behalten die Farbe auch nach dem Trocknen und sind daher beliebte Trockenblumen.

Fleischige Blätter

Frucht

AUF EINEM STEIN
Mauerpfeffer oder Fetthenne wächst in dichten Matten auf Steinen. Nach der Blüte erscheinen rötlich-braune Früchte an den Stängeln.

STRAND-KAMILLE
Die Geruchlose Kamille besitzt ähnliche Korbblüten wie die Echte Kamille, aber fleischige Blätter. Im Spätsommer blüht diese Charakterpflanze steiniger Böden auf Schutt ebenso wie in den Dünen.

VON BLÜTEN ZU FRÜCHTEN
Die hochsommerlichen kleinen, flauschigen, gelblich-grünen Blüten des Meerfenchels entwickeln sich zu „korkigen" Früchten. Früher aß man die saftigen Blätter dieser Strandpflanze entweder roh als Salat oder blanchiert mit Butter.

Frucht

Jede Blüte besitzt fünf kleine Kronblätter.

Fleischige, derbhäutige Blätter

Kleine Öldrüsen auf der Blattunterseite

ROT ODER WEISS
Die rote Spornblume, eine Baldrianverwandte, hat manchmal auch weiße oder rosa Blüten. Man findet sie an steinigen Plätzen: an der Küste auf Klippen oder Kies, im Binnenland auf Mauern.

THYMIANKISSEN
Der Frühblühende Thymian ist kein typisches Küstengewächs, man findet ihn auch an anderen Trockenstandorten, z. B. auf Sanddünen, in der Heide und an Berghängen. Er besitzt lange Kriechstängel und blüht den ganzen Sommer über. Wie der kultivierte Gewürzthymian hat auch wilder Thymian einen charakteristischen, starken Geruch, der durch Thymol, einen öligen Inhaltsstoff, hervorgerufen wird.

Löffelkrautstrauß

GEWEIHBLÄTTER
Wegerichgewächse kennen wir aus dem Garten als niedrige Pflanzen mit breiten, derben Blättern. Der Schlitzwegerich aber hat geweihartig geschlitzte Blätter und ist in Küstengebieten häufig.

REICH AN VITAMINEN
Löffelkraut enthält viel Vitamin C und wurde von Seeleuten gegessen, um Skorbut, einer Vitamin-C-Mangelkrankheit, vorzubeugen.

VOM WIND GEBEUGT
Nur wenige Bäume wie diese vom Sturm gebeugte und verkrüppelte Eiche trotzen den rauen Winden und der salzigen Luft an der Küste.

Algen im Meer

Am Strand – und im Meer selbst – wachsen pflanzenähnliche Lebewesen, die so ganz anders aussehen als die uns vertrauten Bäume und Blumen. Es handelt sich um Algen. Im Gegensatz zu den uns vertrauten Samenpflanzen bilden Algen keine Blüten aus und vermehren sich nicht durch Samen. Ihre Fortpflanzungsmethoden sind recht unterschiedlich und sehr vielfältig. Manche entlassen aus Verdickungen an den Spitzen männliche oder weibliche Zellen ins Wasser. Algen haben weder Wurzeln noch Stängel oder Blätter, wie wir sie von den Landpflanzen kennen. Algen sind „Thallophyten", das heißt Pflanzen, die einen Thallus (Mehrzahl: Thalli) bilden, der bei den größeren Tangen in eine stängelartige Zone, blattartige Gebilde und wurzelartige Haftfäden untergliedert ist (S. 22–23). Die meisten Algen besitzen keine Leitungssysteme für den Wasser- und Nährstofftransport, sondern nehmen die benötigten Stoffe direkt über die Oberfläche aus dem Meerwasser auf. An der Felsküste findet man Braunalgen, Rotalgen und Grünalgen.

FEDERTHALLUS
Die zarten Strukturen dieser häufigen *Plocamium* und anderer Algen sind am besten unter Wasser zu erkennen. Rotalgen bilden Farbtupfer in Gezeitentümpeln und in der unteren Küstenzone.

ALGEN ZU HAUSE
Algen lassen sich in Aquarien nur schwer halten. Mit Meersalz kann man zwar das Salzwassermilieu nachahmen (S. 6), allerdings benötigen die meisten Algen ständig bewegtes Wasser, das Sauerstoff und Nährstoffe an sie heranträgt, sowie Gezeiten, die sie in regelmäßigem Wechsel überfluten und freilegen.

GRÜNE BÄNDER
An Felsküsten wachsen mehrere *Enteromorpha*-Arten, man findet sie auch in Ästuaren, wo der Salzgehalt durch den Süßwasserzustrom aus den Flüssen geringer ist als im Meer.

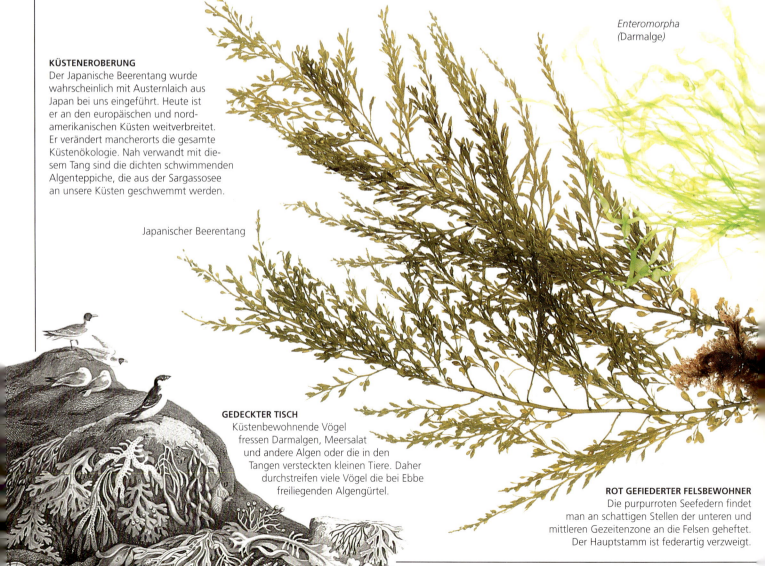

KÜSTENEROBERUNG
Der Japanische Beerentang wurde wahrscheinlich mit Austernlaich aus Japan bei uns eingeführt. Heute ist er an den europäischen und nordamerikanischen Küsten weitverbreitet. Er verändert mancherorts die gesamte Küstenökologie. Nah verwandt mit diesem Tang sind die dichten schwimmenden Algenteppiche, die aus der Sargassosee an unsere Küsten geschwemmt werden.

Japanischer Beerentang

Enteromorpha (Darmalge)

GEDECKTER TISCH
Küstenbewohnende Vögel fressen Darmalgen, Meersalat und andere Algen oder die in den Tangen versteckten kleinen Tiere. Daher durchstreifen viele Vögel die bei Ebbe freiliegenden Algengürtel.

ROT GEFIEDERTER FELSBEWOHNER
Die purpurroten Seefedern findet man an schattigen Stellen der unteren und mittleren Gezeitenzone an die Felsen geheftet. Der Hauptstamm ist federartig verzweigt.

SOMMERBOTE
Im Frühling und Sommer hat diese verzweigte Braunalge, *Bifurcaria*, an den Zweigspitzen keulenförmige Vermehrungskörper. Man findet diese Art in der unteren und mittleren Gezeitenzone in Tümpeln, in denen sie immer von Wasser bedeckt ist.

BROTSCHWAMM
Neben der zarten Zweigfadenalge sitzt ein leuchtend grüner Schwamm auf dem Felsen, ein Brotschwamm, den man an schattigen Stellen unter Felsvorsprüngen in der unteren Gezeitenzone findet. Schwämme sind einfach gebaute Tiere, die Sauerstoff und Nahrung aus dem Wasser filtern.

Wasser strömt durch kleine Poren in den Schwamm und durch die größeren, sichtbaren Löcher wieder heraus.

Bifurcaria

Zweigfadenalge (links)

Roter Horntang auf Bifurcaria

Vermehrungskörper

Rinnentang

HOCHWASSERMARKE
Trocken erscheinende Rinnentangbüschel hängen von Felsen der oberen Gezeitenzone herab. Sie zeigen oft die Hochwasserlinie an. Die Rinnen entlang der Thalli gaben dieser Alge ihren Namen.

Vermehrungsorgane in den geschwollenen Zweigspitzen

KORALLENMOOS
An der Felsküste findet man verschiedene Arten von Korallenmoos, *Corallina*. Diese Rotalgen lagern Kalk ein und sind daher sehr hart. Sie wachsen in Gezeitentümpeln und an schattigen Stellen von der mittleren Gezeitenzone abwärts.

Korallenmoos

ZWEIGFADENALGE
Zweigfadenalgen (*Cladophora*) sind fädige Grünalgen, die man im gesamten Uferbereich findet.

Seefeder

Cladophora

Grün-, Braun- und Rotalgen

Die auffälligsten Algen am Strand sind zweifellos die großen Tange, Braunalgen mit großen, derben Thalli. Tange aus der *Lammaria*-Familie, wie der Fingertang oder der Zuckertang, und die Blasentange bilden die Hauptvegetation der kälteren nördlichen Küsten. Die Blasentange besitzen luftgefüllte Kammern, durch die sie in der Brandung und, wie manche *Sargassum*-Arten, sogar weit übers Meer treiben. Meist kommen diese Algen in typischen Zonierungen an der Felsküste vor. Rotalgen sind meist kleiner und bevorzugen schattigere Stellen und tieferes Wasser unterhalb des Braunalgengürtels. Sie enthalten den roten Farbstoff Phycoerythrin, der den grünen Blattfarbstoff (Chlorophyll) überdeckt. Das Rotalgenpigment kann das schwache Licht der tieferen Zonen besser ausnutzen als das Braunalgenpigment Fucoxanthin. Daher können Rotalgen in tieferen Regionen wachsen als Braunalgen.

Schwimmblase

VON OBEN NACH UNTEN
An Felsküsten bilden die Algen horizontale Bänder. Die Streifenmuster aus leuchtend grünen Grünalgen, grünbraunen Blasen- und Riementangen, Rotalgen und braunen Bandtangen an der Niedrigwasserlinie wiederholt sich mit unterschiedlichen Arten überall auf der Welt.

VERMEHRUNGSKÖRPER
Ein älterer Blasentang besitzt Vermehrungskörper an den Zweigspitzen.

Sägetang

Meersalat

TASCHEN VOLL LUFT
Manche Blasentange besitzen paarige Lufttaschen entlang der Thallus-Mittelrippe. Andere Arten, besonders an stürmischen Küsten beheimatete, besitzen keine solchen Schwimmblasen. Die Gründe dafür sind noch unklar.

PFLANZLICHE GELATINE
Der Algenschleimstoff Alginsäure findet bei der Herstellung von Medikamenten und Kosmetika, bei der Stabilisierung von Textilfarben, als Papierglasur sowie zum Eindicken von Speiseeis und Pudding Verwendung.

ALGE MIT ZÄHNEN
Die Zähnung seiner Thallus-Ränder gab dem Sägetang seinen Namen. Obwohl er zu den Blasentangen (*Fucus*) gehört, besitzt er keine Schwimmblasen.

ALGENSALAT *links und oben*
Die Thalli des Meersalats ähneln Salatblättern. Diese Alge ist weitverbreitet und verträgt auch das Brackwasser von Mündungsgebieten und sogar leicht verschmutztes Wasser. Meersalat findet man auf Felsen festsitzend, im Meer treibend oder im Spülsaum.

ZUCKER IM SALZ
Den Zuckertang, eine große Braunalge der Niedrigwasserlinie und tieferer Zonen, erkennt man am krausen Thallus und am süßen Geschmack des weißen Puders (*Mannit*), das beim Trocknen an seiner Oberfläche entsteht. Im Fernen Osten ist er als *konbu* eine Delikatesse.

LANGE RIEMEN
Der Riementang ist ebenfalls eine Braunalge der Niedrigwasserzone. Seine ledrigen, schmalen, riemenartigen Thalli werden bis über 3 m lang. Wie bei vielen Algen kann die Brandung der derben Art nichts anhaben.

Zuckertang

Riementang

TRICHTERGRUND
Ein junger Riementang bildet zunächst eine trichterförmige Basis aus. Im zweiten Jahr wachsen aus diesen Trichtern die Riemen-Thalli und entwickeln Vermehrungsorgane.

Blasentang

ZWEI ROTALGEN
Sterntang (links) und Hauttang (unten) werden kommerziell geerntet. Sterntang liefert Algengelatine für Süßspeisen und Aspik, Hauttang kann man roh essen, als Gemüse kochen oder als Suppeneinlage verwenden.

Sterntang

Hauttang

Algenwälder

Tange besitzen keine echten Wurzeln. Die knorrigen, wurzelähnlichen Haftorgane der großen Braunalgen heißen Rhizoide. Diese Haftorgane verankern die Alge am Fels wie Wurzeln einen Baum im Boden. Im Gegensatz zu Wurzeln dienen sie aber nur der Verankerung, nicht der Aufnahme von Wasser und Nährstoffen. Diese nimmt die Alge mit ihrer gesamten Oberfläche aus dem Meerwasser auf. Wie die Bäume eines Walds bieten die großen Tange Schutz und Unterschlupf. Wie Bäume das Innere des Walds vor Wind, starkem Regen und heißer Sonne schützen, so beschatten die Algenwälder die Küste und schwächen die Gewalt von Wind und Wellen ab. Viele kleinere Algen und zahlreiche küstenbewohnende Tiere wie Fische, Krabben, Garnelen, Muscheln und Schnecken nutzen die relative Ruhe der Braunalgenwälder. Bei Stürmen werden schwächere Tange von den Felsen gerissen. Nach einem Sturm findet man dann riesige Tanghaufen am Strand, oft halten sich noch Tangwaldbewohner an ihnen fest. Der Seeotter (S. 56) jagt in den Tangwäldern. An einer Tangleine gesichert taucht er nach Seeigeln, Weichtieren und Fischen.

Miesmuscheln deuten darauf hin, dass der Tang schon einige Jahre alt ist.

FESTER HALT
Der Palmentang sitzt mit den fingerartigen „Würzelchen" seines Haftorgans fest am Fels. Auch andere Braunalgen sowie Rot- und Grünalgen haben sich auf diesem Schieferstückchen angesiedelt. Ihre Haftorgane sind in jede noch so kleine Spalte des Gesteins gedrungen.

PLATTER TANGBEWOHNER
Für kleine Tiere bieten die Algenwälder besondere Verstecke. Diese Borstenkrabbe lebt in einer Haftscheibenhöhle. Ein dicht beborsteter Körper und spitze Stacheln an den Schreitbeinen sorgen für Halt unter Steinen oder in Höhlungen der Tanghaftwurzeln.

Borstenkrabbe

Junge Palmentangpflanzen

SCHNITT DURCHS VERSTECK
Ein Schnitt durch die Seite eines Haftorgans (rechts) zeigt seinen derben, faserigen Aufbau und eine kleine „Höhle", das Versteck des Porzellankrebses (oben).

SACKWURZELN UND FINGERBLÄTTER
Eine unverkennbare Braunalge ist der Sackwurzeltang. Sein Phylloid (Thallus-Blatt) ist gefingert, der Thallus-Stiel flach und wellig. Das Haftorgan ist kragenähnlich mit einer Reihe kleiner „Haftwürzelchen".

TROCKNEN DER ALGENERNTE
Algen sind nährstoffreich. Sie enthalten wertvolle Vitamine und Mineralien, u. a. auch Jod. Mancherorts werden sie gern als Gemüse gegessen oder fein gehackt und zermörsert zum Garnieren von Speisen verwendet. In Japan werden Zuckertang und Purpurtang gezüchtet und als *konbu* bzw. *nori* gehandelt.

Sackwurzeltang

Hohle Unterseite

„Haftwürzelchen"

TAUZIEHEN MIT DEN WELLEN
Überall auf der Erde findet man in den entsprechenden Küstenzonen ähnliche Tange. Dieses Haftorgan gehört einer *Macrocystis* (einer großen Braunalge) aus den Meeren um Neuseeland, wo über 600 Tangarten vorkommen. Wellen und Strömungen zerren mit ungeheurer Kraft an der riesigen, bis zu 50 m langen Alge. Die Haftorgane müssen diesem Zug standhalten.

Der Rest der Alge ist auf der nächsten Seite abgebildet.

KUNSTSTOFF ODER NATUR?
Der Sackwurzeltang wächst von der unteren Gezeitenzone abwärts. Sein aufgeblähtes Haftorgan erinnert an Plastikkügelchen. Die riesigen Blätter werden jährlich neu gebildet.

SCHARFE ZUNGE
Die Durchscheinende Häubchenschnecke raspelt sowohl Tangmaterial als auch aufwachsende Algen und Tiere ab. Manchmal nagen sich diese Napfschnecken einen Unterschlupf in Haftscheiben (S. 29).

Rotalgen auf Braunalge

Borstenkrabbe in Haftscheibenhöhle

Fortsetzung von Seite 23

TANGREINIGUNG
Der Essbare Seeigel ist einer der vielen Küstenbewohner, die Felsen und Tange abweiden. Mit seinen kräftigen Kiefern (S. 28) schabt der Seeigel Algenaufwuchs und winzige Tierchen von den Felsen und Großtangen ab. Gelegentliches Massenauftreten von Seeigeln verhindert jegliches Wachstum auf den Felsen, sodass diese völlig kahl bleiben.

Breites Blatt spaltet sich in Bänder auf.

Stiel des Tangs

RIESENTANGE
Ein kalifornischer Riesentang der Gattung *Macrocystis* ist die Heimat des Seeotters (S. 56). Manche Riesentange können bei guten Bedingungen täglich um 1 m wachsen und Längen von über 100 m erreichen.

Die Thallus-Enden sterben ab.

Narbengewebe verschließt durch Tierfraß verursachte Wunden.

Beim Rudern vor der Küste können sich die Paddel im Tanggewirr verfangen.

MOOSTIERE
Der zarte Aufwuchs auf manchen Tangen besteht aus Kolonien kleiner Tiere in schleimigen, z. T. auch verkalkten Gehäusen: Moostierchen.

Kleine Haie laichen zwischen den Tangen ab (S. 61).

Muscheln und Schnecken

ZIERRAT AUS DEM MEER
Ihre Schönheit und Stabilität machen Muscheln und Schnecken zu beliebten Objekten für Schmuck und Zierrat wie die Muschelkästchen, die das Mädchen auf dem Bild verkauft. In manchen Regionen dienten Kaurischneckengehäuse sogar als Geld.

Durch harte Schalen gut geschützt, können Weichtiere auch an der Felsküste leben. Weichtiere (Mollusken) sind eine arten- und formenreiche Gruppe, weltweit gibt es über 120 000 Arten. Eine Weichtierklasse sind die Schnecken, in der Regel Tiere mit einem weichen Körper, einem muskulösen Fuß, auf dem sie sich fortbewegen, und einem harten Gehäuse aus Kalziumkarbonat (Kalk) und anderen Mineralien aus dem Meerwasser. An der Felsküste findet man vor allem Napfschnecken, Seeohren, Kreiselschnecken, Strandschnecken, Stachelschnecken, Kauris und Kegelschnecken. Eine andere Weichtierklasse, die zweischaligen Muscheln, stellen eine ganze Reihe essbarer Arten wie Herzmuscheln, Austern, Miesmuscheln und Klaffmuscheln. Doch auch die gefürchteten Schiffswürmer gehören in diese Gruppe. Häufig findet man an Felsen auch eine dritte Weichtiergruppe, die Käferschnecken.

Acht Schalenplatten

ZÄHNE AUS EISEN
Obwohl Käferschnecken (S. 28) an Felsküsten häufig vorkommen, sind sie kaum zu sehen, da sie mit dem Untergrund geradezu verschmelzen. Die abgebildete Art (*Acanthopleura brevispinosa*) weidet Algenrasen an Küsten des Indischen Ozeans ab. Ihre kleinen Zähne sind mit einer harten, eisenhaltigen Substanz überzogen, die sie vor Abnutzung schützt.

STREIFEN UND TUPFEN
Die gestreiften und gepunkteten kegelförmigen Kreiselschnecken gehören zu den hübschesten und bekanntesten Bewohnern der Gezeitentümpel (S. 30–33). *Clanculus pharaonis* aus dem Roten Meer weidet Algenrasen ab.

PERLGLANZ
Seeohren, für ihre hübsche, in Regenbogenfarben schillernde Perlmuttschicht im Inneren der Schale bekannt, sind mit Kreisel- und Napfschnecken verwandt und weiden Algenrasen ab. Besonders im Westen Nordamerikas (der Heimat der abgebildeten Art) und im Südpazifik gelten sie als Delikatesse.

Verbrauchtes Wasser wird durch diese Löcher ausgestoßen.

LACKARTIG GLÄNZEND
Die Schlangenkopfkauri ist im Indopazifik, mit Ausnahme der australischen Südküste, häufig. Diese Schnecke ernährt sich von kleinen Algen an Felsen und den Rändern der Korallenriffe, an denen sich die Wellen brechen. Bei Gefahr zieht sie sich durch den Schlitz auf der Unterseite des Gehäuses zurück.

MUSCHELERNTE
Schon immer werden Austern „gefischt". Der japanische Holzschnitt zeigt Fischer bei dieser Arbeit in der Nähe der heiligen Zwillingsfelsen vor der Insel Ise.

BUNTER KREISEL
Der Bunte Kreisel lebt im Indischen Ozean. Wie auch die bekannten Weinbergschnecken gehören die Kreiselschnecken zu den Gastropoden, was so viel wie „Bauchfüßer" bedeutet. Und tatsächlich scheinen die Schnecken auf dem Bauch zu kriechen.

PFLANZENFRESSER
Neritiden kommen an den meisten tropischen Küsten vor. Diese *Nerita peloronta* aus der Karibik lebt in der mittleren Gezeitenzone. Als Pflanzenfresser ernährt sie sich von kleinen Algen, die sie vom Untergrund abkratzt.

IM EIGENEN SAFT
Die beiden Schalenhälften der Auster schließen sehr fest zusammen, sodass man sie, will man ihr Fleisch essen, mit einem scharfen Messer aufhebeln muss. Austern werden oft roh, im eigenen Saft, gegessen.

Dorn zum Aufhebeln von Seepockenplatten

RÄUBERISCHE SCHNECKE
Concholepas peruviana heißt diese trotz ihres napfschneckenartigen Gehäuses mit den Stachelschnecken verwandte Art. Sie „jagt" an der südamerikanischen Pazifikküste Seepocken und Muscheln.

FLEISCHFRESSER
Im Gegensatz zur oben abgebildeten Neritide ist die Stachelschnecke *Acanthina lugubris* von der Westküste Nordamerikas ein Fleischfresser. Mit ihrem Dorn bricht sie die Panzerplatten von Seepocken auf und frisst dann das Fleisch.

MEERWASSERFILTER
Mit verschiedenen Arten sind Austern weltweit verbreitet. Diese Art, *Saccostrea cucullata*, zementiert sich meist mit der rechten Schalenhälfte an den Felsen. Wie andere Muscheln sind auch Austern Strudler. Sie saugen Meerwasser ein, filtern kleinste Nahrungsteilchen aus und strudeln diese mit kleinen Härchen (Cilien) in den Verdauungstrakt.

SCHNECKE MIT PFEIL
Conus ebraeus, eine in der Gezeitenzone lebende Hebräerkegelschnecke aus dem Indischen und Pazifischen Ozean, besitzt harpunenartige Pfeile mit lähmendem Gift, mit denen sie ihre Opfer, in der Regel Würmer, beschießt.

WURMJÄGER
Drupa rubusidaeus besitzt eine rote Gehäusemündung. Diese Schnecke lebt in der unteren Gezeitenzone des Indopazifik und ernährt sich von Würmern.

Die Europäische Kauri, kleiner als ihre tropischen Verwandten, ernährt sich von Seescheiden.

HAFTFÄDEN
Wie die bei uns verbreitete Gemeine Miesmuschel heftet sich auch die Grüne Miesmuschel (*Perna viridis*) aus Südostasien mit sogenannten Byssusfäden am Felsen fest. Mancherorts werden Miesmuscheln als Speisemuscheln gezüchtet.

MEERESFRÜCHTE
Dieses Bild des amerikanischen Künstlers Winslow Homer zeigt ein Muschelessen im 19. Jh.: Muscheln im dampfenden Algenbett auf heißen Steinen gegart.

Fester Halt

Um an der Felsküste der Gewalt der Wellen trotzen zu können, besitzen viele Lebewesen harte Außenschalen, die sie auch noch vor Feinden und bei Niedrigwasser vor Austrocknung schützen. Die flachen Napfschneckengehäuse bieten den Wellen wenig Angriffsfläche. Strandschnecken dagegen haben dicke, kräftige, runde Gehäuse. Wird die Schnecke losgerissen, rollt sie weg, bis sie in einer Felsspalte zu liegen kommt. Andere Tiere können in diesem Lebensraum überleben, weil sie sich gut festhalten können. Seeigel und Seesterne halten sich mit Hunderten kleiner Saugfüße fest, die Napfschnecken nur mit einem großen.

STIEL ZUM FESTHALTEN
Entenmuscheln werden oft an den Strand gespült. Mit einem kräftigen Stiel an Treibholz oder Ähnlichem festsitzend, treiben sie im Meer und filtern kleinste Nahrungsteilchen aus dem Wasser, wie ihre Verwandten, die Seepocken, es an vielen Stränden tun. Nach alten Sagen können sich diese Tiere in Gänse verwandeln. Vielleicht wollte man sich so das Aussehen der kleinen Krebse oder das geheimnisvolle Verschwinden der arktischen Vögel im Sommer erklären.

FESTGESAUGT
Käferschnecken (Chitons) saugen sich mit ihrem Fuß am Felsen fest. Dabei schieben sie den fleischigen Mantelrandgürtel nach unten und ziehen den Fuß innen hoch, das entstandene Vakuum hält sie fest. Werden sie dennoch vom Fels gelöst, rollen sie sich wie Asseln zusammen.

Käferschnecken von oben und unten
Fuß, *Mund*, *Gürtel*

FESTER HALT DURCH FÜSSE
Die fünfstrahlige Symmetrie weist den Essbaren Seeigel als Verwandten der Seesterne aus. Seine Stacheln können mit Kugelgelenken an der Basis bewegt werden und schützen ihn wirksam vor Feinden. Mit verschiedengestaltigen Füßchen hält sich der Seeigel am Fels fest, kriecht darauf entlang, ergreift seine Nahrung oder reinigt sich.

STRANDSCHNECKE
Die Gemeine Strandschnecke wird schon lange als Speiseschnecke bei Ebbe von den Felsen abgesammelt. Mit einem kräftigen Fuß kriecht sie nach Schneckenart auf einer Schleimspur entlang. Sie ruht oft in kleinen Felsspalten, wo sie den Zwischenraum zwischen Gehäuse und Fels mit Schleim abdichtet.

Fühler mit „Auge", *Mundöffnung*, *Fuß*

SEEIGEL VON INNEN
Unter der Stachelhaut kommt die hübsch gemusterte Corona (Schale) des Seeigels zum Vorschein. Den fünfzähnigen Kieferapparat, mit dem der Seeigel Algen und kleine Tiere vom Felsen „abweidet", nennt man „Laterne des Aristoteles".

Seeigelschale, *Austrittslöcher der Füßchen*, *Kiefer*, *Saugfüßchen*, *Füßchen untersuchen das Wasser.*

Essbarer Seeigel von unten

SEESTERN VON UNTEN

Die Unterseite des Eissterns zeigt Hunderte sich bewegender Füßchen. Jedes einzelne Füßchen stellt einen fingerförmig ausgestülpten Sack dar, der im Körperinnern an das Wassergefäßsystem des Seesterns angeschlossen ist. Durch Muskelbewegungen wird Flüssigkeit aus einem Reservoir in den Fuß gepumpt, um ihn auszufahren. Das Nervensystem des Tiers steuert die Fußbewegungen, damit der Seestern gerichtet laufen kann.

Eisstern von unten

Stachel

Fuß

Mundöffnung

UMDREHEN

In der Hand erscheinen Seesterne steif und hart. Doch werden sie von einer Welle umgedreht, zeigen sie ihre Beweglichkeit: Die Armspitzen rollen sich ein, die Füßchen finden Halt am Felsen und bringen das Tier wieder in die richtige Lage.

Algenaufwuchs auf Napfschneckenschale

Grüner Fuß der Gewöhnlichen Napfschnecke

Mundöffnung

Kiemen

„Augenfühler"

Fuß

Orangefarbener Fuß der Groben Napfschnecke

Mantel

Gewöhnliche Napfschnecke von unten

MEISTER IM FESTSAUGEN

Napfschnecken sitzen besonders fest. Auch die Grobe Napfschnecke kann nur vom Fels gelöst werden, wenn man sie überrascht, bevor sie sich festsaugen kann. Jede Napfschnecke hat einen „Heimathafen", eine Stelle, an der sie mit der Schale eine Rinne in den Felsen kratzt, die zusätzliche Sicherheit gibt.

ERKENNUNGSZEICHEN: FUSSFARBE

Die Farbe ihres Fußes unterscheidet die Gewöhnliche von der Groben Napfschnecke (ganz rechts) – sofern man sie vom Fels lösen kann.

NAPFSCHNECKENSPUR

Napfschnecken weiden Algen von den Felsen ab. Dabei entfernen sie sich bis zu 1 m weit vom „Heimathafen".

Gezeitentümpel

Ein Gezeitentümpel ist eine kleine Welt für sich – ein ganz besonderer Lebensraum mit charakteristischen Pflanzen und Tieren. Man findet hier die verschiedensten Pflanzen, von dem Film mikroskopisch kleiner Algen, der fast alle freien Oberflächen überzieht, bis zu großen Tangen. Diese Pflanzen fangen die Energie des Sonnenlichts ein und entnehmen dem Wasser Nährstoffe. Sie dienen als Nahrung für Strandschnecken, Napfschnecken und andere Pflanzenfresser. Krabben, Garnelen und andere Aasfresser leben von pflanzlichem und tierischem Material. Filtrierer wie Seepocken und Miesmuscheln ernähren sich von kleinsten, im Wasser schwebenden Teilchen, bei denen es sich um winzige Pflanzen oder Tiere oder um zersetzte Teile größerer Tiere handelt, die schon längst tot sind.

NATURSTUDIEN
Schon immer begeisterten Gezeitentümpel die Naturforscher. Der Engländer Philip Gosse untersuchte im 19. Jh. die Küsten von Devon im Südwesten Englands. Sein Sohn Edmund beschreibt, wie sein Vater, bis zur Brust im Wasser, durch einen größeren Tümpel watete und die „wurmzerfressene Oberfläche der Felsen" untersuchte, denn „dort versteckte sich oft eine außergewöhnliche Fülle an pflanzlichen und tierischen Formen."

EISCHNÜRE
Seehasen kommen im Frühling und Sommer an die Küste, um Algen abzuweiden und ihre rosaroten Laichschnüre abzulegen.

NACKTSCHNECKEN
In Gezeitentümpeln findet man gelegentlich Nacktschnecken wie diese *Hyselodoris* von Guam im Pazifik. Diese Meeresnacktschnecken heißen Nudibranchier („Nacktkiemer"), weil sie frei liegende „Kiemen", fedrige Büschel zur Sauerstoffaufnahme aus dem Wasser, besitzen.

FÜHLER WIE HASENOHREN
Der Seehase ist keine richtige Nacktschnecke. Seine dünne, biegsame Schale ist unter den Rückengewebefalten verborgen.

WIEDER VERWENDBARE NESSELKAPSELN
Manche Meeresnacktschnecken speichern Nesselkapseln von erbeuteten Seeanemonen in Taschen ihrer Rückenanhänge.

SCHWAMMFRESSER
Die Meerzitrone, ein gelb gefleckter Nacktkiemer, ernährt sich von Brotschwämmen (S. 19).

NICHT ZU EMPFEHLEN
Die leuchtenden Farben vieler Meeresnacktschnecken warnen potenzielle Feinde: Diese Tiere schmecken scheußlich.

Mit ihrem kräftigen Schnabel untersucht die hungrige Mantelmöwe im Gezeitentümpel alles, was essbar erscheint.

Ein Gemeiner Seestern richtet seine lichtempfindlichen Tentakelspitzen auf, um nach einer schattigen, sicheren Felsspalte „Ausschau zu halten".

Eine Schwimmkrabbe krabbelt über Steine, die sich in einer Felsmulde angesammelt haben. Sie hofft, unentdeckt zu bleiben, während sie das in der Mulde angeschwemmte Material nach Nahrung untersucht.

VOM MEER HERANGETRAGEN
Wenn das Wasser abläuft und es im Gezeitentümpel ruhig wird, kommen Aasfresser wie diese *Charybdis*-Schwimmkrabbe aus ihren Verstecken, um zu sehen, was die See an Nahrung mitgebracht hat. Hier ist es ein kleiner Seeigel, der vielleicht schon verletzt oder krank ist und somit wehrlos gegen die kräftigen Scheren der Krabbe.

SITZENDE BEUTE
Miesmuscheln, die mit ihren Byssusfäden am Fels festsitzen (S. 27), sind die Beute dieser langsam kriechenden Ockersterne. Lange, bandförmige Gezeitentümpel wie dieser entstehen dort, wo weicheres Gestein zwischen härteren Schichten liegt.

Fortsetzung auf Seite 32

GARNELEN
Garnelen sind gute Schwimmer. Im Vergleich zu den Hummern, die wie die Garnelen zu den Zehnfußkrebsen gehören, besitzen sie einen relativ zarten Panzer. Ein Antennenpaar ist deutlich länger als das andere, der Körper ist seitlich etwas zusammengedrückt. Garnelen werden als „Krabben" gehandelt und verzehrt.

Fische der Gezeitentümpel

Für die winzigen Fische der Gezeitentümpel und sogenannten Rockpools ist das Leben recht gefährlich. Bei starkem Regen wird das Meerwasser stark verdünnt, sodass die Fische (ebenso wie andere Bewohner) mit dem veränderten Salzgehalt zurechtkommen müssen. Bei ablaufendem Wasser bleiben sie unter Umständen in einer seichten Pfütze zurück und müssen über den blanken Fels zu einem größeren Tümpel kriechen. In kurzer Zeit kann die Sonne kühles Tümpelwasser in warmes Badewasser verwandeln. Um dem Hitzetod zu entgehen, sind die Bewohner gezwungen den Tümpel zu verlassen und Zuflucht im feuchten Schatten unter einem Stein zu suchen. Bei Ebbe suchen Möwen in den Gezeitentümpeln Nahrung, die auflaufende Flut rollt Steine umher, die kleine Lebewesen zerquetschen können. Raubfische sind eine ständige Gefahr: Meeraale lauern in den Felsspalten, mit der Flut kommen hungrige Barsche und schnappen jeden kleinen Fisch, der sich nicht schnell genug in Sicherheit bringen kann. Die hier abgebildeten Fische müssen somit besonders gut an das harte Leben in einem Gezeitentümpel oder Rockpool angepasst sein.

GEFAHR ZU FUSS
Viele Küstenfische sind so gut getarnt, dass sie von Strandwanderern nicht gesehen werden und schnell vor deren Stiefeln flüchten können.

MIT EINEM FLOSSENSCHLAG
Die meisten der etwa 1500 Meergrundelarten kommen in Küstennähe vor und besitzen walzenförmige Körper und einen abgeflachten Kopf. Die abgebildeten Kleinen Meergrundeln können sich mit einem Flossenschlag im Sand vergraben.

SEIN ZUHAUSE IST EIN LOCH
Der Grüne Schleimfisch ist einer der häufigsten Küstenfische der gemäßigten Zonen. Wie viele andere Küstenbewohner richtet er sich unter Steinen oder in einer Felsspalte ein, indem er durch Wegdrücken von Algen oder Sand eine Höhlung schafft.

Einkerbung in der Mitte der Rückenflosse

Dunkle Flecken am Grund der Rückenflosse

WIE EIN AAL
Den an den Küsten des Nordatlantiks verbreiteten Butterfisch kennzeichnen eine Fleckenreihe entlang des Rückens und die namengebende butterartig schmierige Beschaffenheit seiner schleimigen Haut.

BLICK NACH OBEN
Die Augen der Küstenfische liegen weiter oben am Kopf als bei den meisten anderen Fischen. Damit können sie Feinde aus der Luft, z. B. Möwen, besser erkennen.

Grüner Schleimfisch

Butterfisch

Gestreifter Schleimfisch

GEFLECKTES GOLD
Ein dunkler Fleck im vorderen Teil der Rückenflosse und einer am Schwanz kennzeichnen den Klippenbarsch, ein Mitglied der viele und recht unterschiedliche Arten umfassenden Familie der Lippfische.

BLAUFLECKIGER ANSAUGER
Der Saugfisch hängt sich mit seinem Bauchsaugnapf an Felsen. Wie viele Küstenfische kann er sich mit seiner gummiartigen, schuppenlosen Haut leicht zwischen Steine und in Felsspalten zwängen.

Zwei blaue Flecken auf dem Rücken

MEERGRUNDEL IM AQUARIUM
Die Beobachtung von Küstenfischen ist recht schwierig. Bei Ebbe ziehen sie sich in Felsspalten und Löcher zurück und auch auf der Nahrungssuche bei Flut sind sie sehr scheu.

Die undeutliche bräunliche Fleckung dient der Tarnung.

TARNFÄRBUNG
Küstenfische wie diese Meergrundel haben meist eine Flecken- und Tupfenzeichnung, die sie in einem Mosaik aus Algen, Steinen, Schalentieren und Schatten der Wellenkräuselung gut tarnt.

GUT GETARNT
Seenadeln sind mit den Seepferdchen verwandt. Sie lauern, fast unsichtbar zwischen Seegras und Algen verborgen, auf kleine Fische und Weichtiere.

Die Augen sitzen hoch oben am Kopf, sodass die Meergrundel Feinde von oben erkennen kann.

Bräunliche Fleckenlinie entlang der Flankenlinie

Die Wurmseenadel schwimmt aufrecht und ist zwischen den hin und her flutenden Algenstängeln gut getarnt.

Der Seeskorpion kann seine Farbe der Umgebung anpassen.

MIT UND OHNE FLOSSEN
Im Lauf ihrer Evolution hat die Wurmseenadel fast alle Flossen verloren – sogar die Schwanzflosse. Der Seeskorpion dagegen besitzt große stachelige Flossen. Bei Störung richtet er die stacheligen Kiemendeckel auf, um Feinde abzuschrecken.

Blumentiere

ZUM ESSEN GEÖFFNET
Schön, aber tödlich: Die winkenden Tentakeln der Blumentiere sind eine tödliche Gefahr für kleine Meereslebewesen.

Die an bunte Blumen erinnernden Seeanemonen sind keine Pflanzen, sondern wie Quallen und Korallen Hohltiere (Coelenteraten), wegen der in diesem Stamm weitverbreiteten Nesselkapseln auch Nesseltiere (Cnidarier) genannt. Die „Blütenblätter" der Seeanemonen sind in Wahrheit Tentakeln mit Nesselzellen, die Beute mit Gift lähmen, bevor sie sie zur Mundöffnung führen (S. 39). Die erstaunliche Farbvielfalt der Seeanemonen reicht von Lachsrosa bis Smaragdgrün und Pechschwarz. Bei vielen Arten gibt es mehrere Farbvarianten. Seeanemonen sind nicht an einer Stelle festgewachsen. Sie können sich – wenn auch nur langsam – fortbewegen, indem sie ihre muskulösen „Stiele" über den Fels schieben. Manche dieser Blumentiere graben sich in Sand oder Kies ein, andere zwängen sich in Felsspalten, sodass nur noch die Tentakeln herausragen. Sobald das Wasser abfließt, ziehen die meisten Seeanemonen ihre Tentakeln ein, um als kleine festsitzende Gummibälle der Austrocknung zu entgehen.

Kammmuschelschale

Mundöffnung in der Körpermitte

WASSERFEGER
Obwohl sie Blumentieren ähneln, gehören Röhrenwürmer zu den Gliederwürmern (Anneliden), wie auch der Regenwurm. Die fächerartig ausgefahrenen Tentakel filtern kleinste Nahrungsteilchen aus dem Wasser und werden bei Gefahr blitzartig in die Röhre zurückgezogen.

AMPELFARBEN
Die variablen Pferdeaktinien können z. B. rot, bernsteingelb oder grün gefärbt sein. Bei Niedrigwasser erscheinen sie mit eingezogenen Tentakeln wie überwachsene Weingummis auf den Felsen. Ausgewachsene Exemplare haben etwa 200 Tentakeln.

KEIN SCHÖNHEITSFEHLER
Die Edelsteinrose hat auf der Rumpfwand viele kleine Saugwarzen, mit denen sie Sandkörner und kleine Muschelschalentrümmer festhält. Dies dient wohl der Tarnung.

Kalkalgenaufwuchs auf dem Felsen

„BLÜTE" AUF EINEM „STÄNGEL"
Diese Seitenansicht einer grauen Pferdeaktinie zeigt den gedrungenen, am Grund grünlich schillernden „Stiel", den Rumpf des Tiers. Pferdeaktinien können lange Trockenheit überdauern und sind daher recht weit oben an den Küstenfelsen zu finden.

FEDERBUSCH
Die Seenelke ist braun, rötlich oder weiß und kann bis zu 30 cm groß werden. Die federbuschartigen Tentakeln fangen Nahrungsteilchen aus dem Wasser und transportieren sie durch die Bewegung feiner Härchen, der Cilien, zum Mund.

Nesseltiere

Graue Wachsrose

Die Hohltiere (Quallen, Seeanemonen, Korallen) sind einfach gebaute Tiere ohne Gehirn und ohne hoch entwickelte Sinnesorgane wie Augen oder Ohren. Sie können sich nur langsam fortbewegen, also nicht vor Feinden fliehen oder ihre Beute verfolgen. Ihre besten Angriffs- und Verteidigungswaffen sind die Nesselzellen in ihren Tentakeln. In jeder Nesselzelle befindet sich eine Nesselkapsel (Nematocyste) mit einem langen aufgerollten Faden. Bei manchen Arten sind diese Fäden bestachelt, bei anderen enthalten sie Gift. Durch Berührung oder bestimmte Chemikalien ausgelöst, werden die Fäden ausgeschleudert, die Stacheln halten die Beute fest oder es wird ihr Gift eingespritzt. Dann zieht das Nesseltier sein Opfer in die Verdauungshöhle im Körperinneren. Manche Quallen besitzen ein sehr starkes Gift, das heftige Schmerzen verursacht und Allergien auslösen kann, wenn man beim Baden eine Qualle streift. Die Nesselkapseln bleiben auch beim toten, an den Strand gespülten Tier noch eine ganze Weile aktiv. Besonders berüchtigt ist die „Portugiesische Galeere", eine Staatsqualle, eine Kolonie aus vielen Quallentieren. Beim Schwimmen kann man mit den Nesselkapseln in Berührung kommen, ohne den Quallenkörper zu sehen, da die Tentakeln noch bis zu 50 Meter hinter dem Schwimmkörper in der Strömung treiben. Die Tentakel der tropischen Seewespe sind bis zu 10 Meter lang, das Nesselgift ist auch für den Menschen tödlich.

KRAKE AHOI
Der Krake, ein Seeungeheuer der Nordischen Sagen, machte wenig Federlesens mit Schiffen und ihrer Mannschaft. Diese Sagen haben ihren realen Hintergrund: Der Krake der Sagen besitzt mehr als eine zufällige Ähnlichkeit mit dem Weichtier Krake. Aus dem Atlantik sind Riesenkraken von 15 m Länge (Fangarme eingeschlossen) und 2 t Gewicht bekannt. Ein Nesseltier aber ist der Krake nicht.

Gewöhnliche Felsgarnele

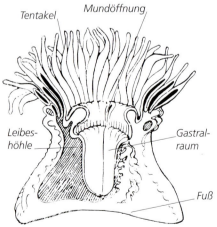

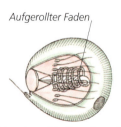

Unverbrauchte Nesselkapsel — Aufgerollter Faden

Ausgeschleuderte Nesselkapsel — Ausgeschleuderter Faden

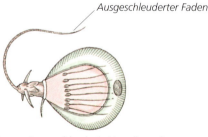

INNENLEBEN EINER AKTINIE
Seeanemonen sind ebenso wie die anderen Hohltiere einfach gebaute Tiere. Ein Tentakelkranz umgibt die Mundöffnung, die zum Gastralraum, einer Verdauungshöhle im Körperinneren, führt. Beute wird in den Gastralraum gedrückt und verdaut, die Nährstoffe werden vom Körper aufgenommen, Ausscheidungen „ausgespuckt".

Labels: Tentakel, Mundöffnung, Leibeshöhle, Gastralraum, Fuß

STACHELFADEN
Unter dem Mikroskop kann man die Nesselkapseln in den Nesselzellen der Tentakel von Hohltieren erkennen. Durch Berührung oder bestimmte Chemikalien ausgelöst, steigt der Flüssigkeitsdruck in der Zelle an. Dadurch wird der Nesselfaden ausgeschleudert. Manche Fäden besitzen stacheldrahtartige Widerhaken, andere enthalten Gift.

KRABBENSCHMAUS
Diese Wachsrose hat eine Garnele gefangen und führt sie zum Mund. Die stachelbewehrten Nesselzellen in den Tentakeln lähmen die Beute. Wenn die Garnele in den Magen gezogen wird, geben ihr weitere Nesselzellen den Rest.

MINIATUR-NESSELTIERE
Hydrozoen wie diese *Obelia* sind kleine Nesseltiere, die Kolonien bilden. Sie überziehen unter Wasser liegende Algen, Felsen und Holzteile mit einem filzigen Belag. Die Stiele der einzelnen Tiere sind so dick wie Seidenfäden.

Grüne Wachsrose

Die Wachsrose schleudert Akontien, Nessselfäden aus dem Gastralraum, zur Verteidigung aus.

Seesterne

Seesterne findet man an praktisch jedem Strand – manchmal auch einige ihrer Verwandten: Schlangensterne, Seeigel und Seegurken. Diese Lebewesen gehören zur Gruppe der Stachelhäuter (Echinodermaten). Sie leben schon seit etwa 500 Millionen Jahren auf unserer Frde. Seesterne besitzen ein hartes Skelett aus Kalkplatten, direkt unter der derben Haut. Es gibt etwa 6000 Stachelhäuterarten, 2000 Arten mehr, als die Säugetiere zählen. Dennoch sind uns diese Tiere – ausschließlich Meeresbewohner – kaum bekannt. Auch ihr Körperbau mit fünf an einem zentralen Punkt entspringenden Armen erscheint uns eigenartig. Seesterne besitzen kein Vorderende. Wenn sie sich der Flut folgend oder auf der Suche nach einem kühlen, schattigen Plätzchen fortbewegen, kann jeder Arm die Führung übernehmen.

ANGESTRAHLT
Sonnenstrahlen beleuchten diese Seesterne in einem Gezeitentümpel. Das walzenförmige Gebilde rechts oben ist eine Seegurke. Bei dieser Seesternverwandten sind die Füßchen der Mundregion zu langen Tentakeln umgeformt.

Die Armspitzen tragen Lichtsinneszellen und werden oft aufgerichtet, um „Ausschau zu halten".

Eisstern

EIN DORNIGES PROBLEM
Die giftige indopazifische Dornenkrone ernährt sich von Korallen. Gelegentliche Massenvorkommen können ganze Riffbereiche zerstören. Es ist noch unklar, ob diese Massenvorkommen auf Meeresverschmutzung zurückgehen oder natürlich sind.

NEUER ARM
Seesterne können Arme, die von einem Stein zerquetscht oder einem Räuber angefressen wurden, abstoßen und neu bilden. Solange der größte Teil der Innenscheibe intakt ist, kann ein verbliebener Arm sogar vier neue Arme ausbilden.

Zerbrechlicher Schlangenstern

SCHLANGENLINIEN
Der Zerbrechliche Schlangenstern gleitet mit schlangenartigen Bewegungen flink durch einen Strandtümpel. Die Arme sind sehr zerbrechlich, doch der Schlangenstern kann leicht neue ausbilden.

Blutstern

BLUTROT
Der Blutstern ist gelegentlich an Felsküsten anzutreffen. Er ist oberseits blutrot-purpurn, unterseits weißlich gefärbt.

MUSCHELFRESSER
Der Gemeine Seestern lebt von Weichtieren, z. B. Miesmuscheln. Er hält sein Opfer mit den Füßen fest, zieht die beiden Schalenhälften auseinander, schiebt seinen Magen hinein und verdaut den Muschelkörper.

STACHELIG
Der steife, muskulöse Eisstern ist eine der größeren Seesternarten. Jeder kalkige Stachel ist von Pedizellarien, kleinen Greifzangen, umgeben. Mit ihrer Hilfe reinigt sich der Eisstern von Parasiten, kleinen „Trampern" und anderem Schmutz. Der Eisstern ernährt sich von Muscheln.

Gemeiner Seestern

Der Gemeine Seestern ist meist orange, häufig kommen aber auch braune, rote oder gar violette Farbvarianten vor.

GESTRANDET
Die meisten Seesterne leben in der unteren Gezeitenzone oder im tieferen Wasser. Gestrandete Exemplare überleben die Zeit bis zur nächsten Flut oft nicht.

HUNGRIGE STERNCHEN
Auch diese kleinen Polstersterne sind Räuber. Sie fressen kleine Weichtiere, Schlangensterne und Würmer.

Gänsefußstern (rechts)

Gewöhnlicher Sonnenstern (unten)

FÜNFECKIG
Trotz seines plumpen Aussehens ist der Gänsefußstern (ganz rechts) ein wendiger Räuber. Er ernährt sich von Krebsen, Weichtieren und anderen Seesternen.

ZWÖLFSTRAHLIGE SONNE
Dieser Gewöhnliche Sonnenstern (rechts) hat 12 Arme, doch Exemplare mit nur 8 oder bis zu 13 Armen sind nicht ungewöhnlich. Wie der Gänsefußstern frisst auch er andere Seesterne.

Bohr- und Baumeister

An der kalifornischen Küste wurden Ende der 1920er-Jahre Stahlstützen für einen Pier in den Meeresboden gerammt. Etwa 20 Jahre später war der 1 Zentimeter dicke Stahl völlig durchlöchert – vom Nordamerikanischen Purpurseeigel. Wie viele andere Küstenlebewesen sucht er Schutz vor Wellen, Feinden, Sonne und Kälte, indem er sich eingräbt. Sand- und Schlammböden sind leichter zu bearbeiten und daher dichter von grabenden Tieren wie Scheidenmuscheln, Herzmuscheln, Klaffmuscheln und Tellmuscheln besiedelt (Scheidenmuscheln sagt man nach, dass sie sich ebenso schnell eingraben können, wie ein Mensch sie ausgräbt). Doch auch an Felsküsten findet man Baumeister, die sich durch Bohren, Kratzen und Auflösen des Gesteins in den Fels graben. Die Bohrmuschel ersetzt die beim Bohren abgenutzten Schichten ihrer Schale, indem sie ihren Weichkörper darüberschiebt und eine harte, kalkige Substanz abscheidet. Oft werden Holzstücke an den Strand gespült, die mit Löchern von etwa 2 Zentimeter Durchmesser durchsetzt sind. Diese Löcher sind das Werk von Schiffsbohrwürmern, die trotz ihres Namens und ihrer wurmähnlichen Gestalt zu den Muscheln (S. 26) gehören.

SCHLUPFLÖCHER IM FELS
Seeigel haben Löcher in diese Kalkfelsen bei dem Burren im Südwesten Irlands gebohrt. In unbenutzten Mulden sammeln sich Steine, die von den Wellen herumgewirbelt werden und die Aushöhlung weiter vergrößern. So tragen felsbohrende Seeigel und Weichtiere zur Küstenerosion bei.

Meerdatteln in Kalkstein

ZUM STEIN ERWEICHEN
Die Meerdattel aus dem Mittelmeer ist eine der felsbohrenden Muschelarten. Diese beiden kleineren Tiere haben sich in Kalkgestein eingegraben. Bei dem größeren Tier (links) sind die für viele Muscheln typischen Wachstumsringe erkennbar. Während Bohrmuscheln sich mit ihren Schalen in den Fels bohren, lösen Meerdatteln das Gestein chemisch auf. Ihr wissenschaftlicher Name *Lithophaga*, bedeutet so viel wie „Steinfresserin".

Wachstumsring

RÖHRENWÜRMER
Einige Meereswürmer schützen ihren weichen Wurmkörper mit Röhren (S. 35). *Terebella* (links) sammelt mit ihren Tentakeln kleine Teilchen auf und verbindet sie mit einer klebrigen Hautabsonderung. *Serpula* (Mitte) baut trompetenförmige Kalkröhren. *Sabella* (rechts) baut Röhren, die aus dem Sand der Niedrigwasserzone ragen.

DREIKANTIGE RÖHREN
Auch der Dreikantwurm ist ein Röhren bauender Meereswurm. Die Kalkröhren sind gekielt, sodass sie im Querschnitt dreieckig erscheinen. Die fedrigen Tentakel fischen kleinste Nahrungsteilchen aus dem Wasser.

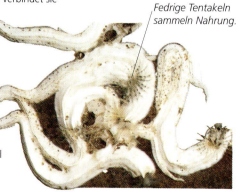

Fedrige Tentakeln sammeln Nahrung.

Bohrmuschel in Schlammstein

IM FELS GEFANGEN
Die Schale der Bohrmuschel ähnelt dem Bohrkopf eines Ölbohrers, und das nicht ohne Grund. Diese Muschel dreht und schiebt die beiden Schalenhälften (Valven) wie einen Bohrer ins harte Gestein. Zwei lange Muskelröhren (Siphonen) ragen aus dem Loch. Mit einer Röhre wird Meerwasser eingesaugt, aus dem sich die Muschel mit Sauerstoff und Nahrung versorgt. Die andere Röhre scheidet Abfallstoffe und „Bohrstaub" aus.

WACHSTUM IM TUNNEL
Manche Seeigelarten können seichte Mulden im Gestein bauen, andere können sich fast ganz eingraben. Der Steinseeigel trägt das Gestein mit seinen Stacheln langsam ab. Zusätzlich nagt er mit den Kiefern am Gestein. So wird mit der Zeit die Höhle des Seeigels immer tiefer. Wenn er tief im Fels weiterwächst, kann er unter Umständen nicht mehr heraus und ist zur Nahrungsbeschaffung auf seine lang ausfahrbaren Füßchen (S. 28) angewiesen.

Skelett (Corona)

Seeigel graben flache Schutzhöhlen in den Fels.

Stacheln sind beim lebenden Tier violett.

FELSBEWOHNER
Der Nordamerikanische Purpurseeigel lebt in der unteren Gezeitenzone und im Flachwasser. Oberhalb der Niedrigwasserlinie kratzt er sich flache Wohnhöhlen in den Fels.

Löcher, in denen die Ein- und Ausströmporen des Schwamms zum Vorschein kommen

Bohrungen des Bohrschwamms

Schale einer Europäischen Auster

SCHWAMM DRIN UND DRÜBER
Der Bohrschwamm bohrt verzweigte Gänge in Kalkstein oder dicke Muschelschalen. Er löst dabei den Kalk mit Säure auf. Kleine Teile des Schwamms ragen aus den einzelnen Tunneln. Sie tragen entweder eine größere Pore, aus der Wasser und Abfallstoffe ausgeschieden werden, oder mehrere kleinere, siebbedeckte Löcher, durch die Wasser eingesaugt wird.

Hart gepanzert

Krabben, Garnelen und Hummer sind relativ bekannte Vertreter einer Tiergruppe, die viele küstenbewohnende Formen aufweist. Diese Tiere gehören zur großen Gruppe der Krebse (Crustaceen). Sie tummeln sich in fast so großer Artenfülle im Meer wie die Insekten auf dem Land. Wie die Insekten gehören die Krebse zum Stamm der Gliederfüßer (Arthropoden). Sie besitzen gegliederte Beine (bei manchen Arten bis zu 17 Paare), zwei Antennenpaare und einen harten Panzer, meist in Form eines großen Rückenpanzers (Carapaxes), der den größten Teil des Tierkörpers schützt. Doch die einzelnen Arten unterscheiden sich gewaltig. Das Größenspektrum reicht von mikroskopisch kleinen Tieren, die einen Großteil des Planktons ausmachen (der „Suppe", von der sich so viele Strudler ernähren), bis zu den gewaltigen Japanischen Riesenseespinnen mit einer Scherenspannweite von über 3,5 Meter. Zu den ungewöhnlichsten Krebsen zählen die Rankenfüßer (Cirripedier), zu denen die Seepocken gehören. Diese Tiere beginnen ihr Leben als winzige frei schwimmende Larven. Manche Arten lassen sich dann an der Küste nieder, zementieren ihre Köpfe am Fels fest, umgeben den Körper mit harten Platten und benutzen ihre sechs fedrigen, gegliederten Beinpaare, um Nahrung in den Mund zu befördern. Die bekanntesten Krebse wie Hummer, Krabben, Garnelen und Einsiedlerkrebse gehören zu den Zehnfußkrebsen (Dekapoden). Sie besitzen meist zehn Beinpaare, vier davon dienen zum Laufen oder Schwimmen, ein Beinpaar trägt – meist kräftige – Scheren.

KRABBENKÖRBE
Von verwesendem Fleisch angelockt, kriechen Krabben in die Krabbenkörbe der Fischer, aus denen sie nicht mehr entweichen können. Auch Fische, z. B. Barsche, und Tintenfische sowie küstenbewohnende Vögel und Säuger essen gerne Krabben.

Die streitbare Strandkrabbe richtet die Scheren in Abwehrhaltung auf. In Frankreich heißt sie *le crabe enragé*, „wütende Krabbe".

FLINK AUF SIEBEN BEINEN
Diese Strandkrabbe hat ein Schreitbein verloren. Vielleicht ist es einer Silbermöwe oder einem von Wellenkraft bewegten Felsbrocken zum Opfer gefallen. Solche Unfälle sind recht häufig. Doch ist das Tier nicht behindert. Es zeigt die verschiedensten Bewegungen und Verhaltensweisen, von vorsichtigem Abwarten (unten) bis zum Scheinangriff, dann Verteidigung, anschließend eine rechtwinklige Rückwärtsdrehung als Vorbereitung der Flucht.

ROTER TEPPICH
Wie ein sich bewegender roter Teppich bedecken Felsenkrabben die Klippen der Galápagos-Inseln vor der ecuadorianischen Küste. Diese leuchtend gefärbte Art besitzt rote Beine und eine himmelblaue Unterseite.

Rückenpanzer (Carapax)

Auge

Stumpf des fehlenden Beins

Vier Schreitbeinpaare

Kleines Abdomen (Hinterleib) unter den Rückenpanzer geschlagen

Scheren zum Scheinangriff in Schwebehaltung

SCHRECKABWURF
Krabben und andere Krebse können einer Gefahr entkommen, indem sie ein verletztes oder eingeklemmtes Bein abwerfen. Nahe dem Gelenk, mit dem das Bein am Körper ansitzt, befindet sich eine Sollbruchstelle, an der das Bein ohne größeren Blutverlust abbrechen kann. Langsam, mit jeder Häutung ein Stückchen, wächst dann ein neues Bein.

Schere zum Greifen der Nahrung

Zwei Antennenpaare

Auge

MAHLZEIT IN EINER SCHALE
Der Taschenkrebs erreicht Durchmesser von bis zu 25 cm und kann über 5 kg schwer werden. Die Scheren enthalten das begehrte, teure weiße Fleisch. Das Fleisch des Körpers unter dem Rückenpanzer ist dunkel.

Kieferfüße zur Nahrungsaufnahme

SCHERENBEWEGUNG
Der Taschenkrebs ist recht wehrhaft. Das erste Schreitbeinpaar trägt kräftige Scheren (Scherenbein, S. 48). Diese dienen hauptsächlich zum Ergreifen und Zerreißen der Beute. Die Scheren der Männchen sind meist kräftiger als die der Weibchen. Trotz dieser bedrohlichen Waffen werden viele dieser scheinbar unverwüstlichen Krebse von Tintenfischen gefressen.

Scharfe Klauen an den Beinenden

Fünf Schreitbeinpaare

EIN SELTSAMES TIER
Dieses seltsame Tier ist ein Pfeilschwanzkrebs. Es handelt sich jedoch nicht um einen Krebs, sondern um einen Spinnenverwandten. An nordamerikanischen Küsten kommen diese Tiere zuhauf ins flache Wasser zum Ablaichen.

Pfeilschwanzkrebs von unten

Vorbereitung zum Einrollen

45   *Fortsetzung auf Seite 46*

Fortsetzung von Seite 45

RITTER DER MEERE
Wenngleich der Hummer ein Bewohner des offenen Meeres ist, findet man doch gelegentlich in Gezeitentümpeln gefangene Exemplare. Sie besitzen einen typischen Rückenpanzer. Früher, als Europäische Hummer noch nicht in großem Maßstab gefangen werden konnten, fand man hin und wieder über 1 m lange und über 6 kg schwere Exemplare. Von den noch größeren Amerikanischen Hummern wurden schon über 20 kg schwere Tiere gefangen. Solche Exemplare sind wahrscheinlich über 50 Jahre alt. Hummer verstecken sich tagsüber meist in Höhlen und Felsspalten, nachts ernähren sie sich von Aas oder kranken, schwachen Tieren. Sie zerquetschen ihre Beute mit der größeren Schere und reißen mit der kleineren Stücke ab.

Europäischer Hummer

WELTWEIT VERBREITET
Langusten (Gattung *Palinurus*) gibt es an fast allen Küsten. Sie leben im Flachwasser oder zwischen Steinen in der unteren Gezeitenzone.

KLEIN UND PLATT
Furchenkrebse sind nur etwa 5 cm lang. Ihre Körper sind abgeflacht, sodass sie sich gut in Felsspalten verstecken können. Bei Störung können sie durch einen Schlag ihres Hinterleibs nach hinten wegschnellen.

Schmale Schere zum Schneiden von Fischfleisch

Mit den Antennen nimmt der Hummer Nahrung und Gefahr wahr.

Dicke Schere mit Höckern zum Zertrümmern von Muscheln

Stielauge

Mundregion

Die ersten beiden Schreitbeinpaare enden in kleinen Scheren.

NICHT NUR AUF FELSEN
Die Korallenkrabbe lebt in unterschiedlichen Lebensräumen: auf Felsen, auf Sand, zwischen Schwämmen und auf Korallenriffen entlang der Ostküste Nordamerikas.

HIMMELSKREBS
Eine Sternformation am nördlichen Himmel nannten die alten Astronomen Krebs. Der Krebs ist das vierte Sternzeichen im Jahreskreis. Die Sonne passiert das Zeichen des Krebses zwischen dem 21. Juni und 22. Juli.

GESUNDHEITSPOLIZEI
Die meisten Krabben sind Aasfresser, so auch die Bachkrabbe, die fast alles Essbare vom Meeresboden aufliest. Sie lebt entlang der europäischen Küsten.

Seepocke, auf dem Hummerkörper festgewachsen

Aufwuchs von Moostierchen (S. 25)

Der Schwanzfächer gibt zusätzlichen Antrieb beim Rückwärtsschwimmen, wenn der gestreckte Schwanz plötzlich eingeschlagen wird.

Hinterleib

Die nächsten beiden Schreitpaare enden in Klauen.

Gewundene Wohnröhre eines kleinen Meereswurms

Schwimmfüße am Hinterleib ermöglichen hüpfende Schwimmbewegungen beim Laufen über den Meeresboden.

Partnerschaften

In der Tierwelt gibt es die verschiedensten Beziehungen zwischen unterschiedlichen Arten. Eine sehr bekannte ist die Räuber-Beute-Beziehung, bei der ein Tier ein anderes jagt, um es zu fressen. Doch gibt es an der Küste ebenso wie in anderen Lebensräumen auch andere zwischenartliche Beziehungen und Formen des Zusammenlebens. Eine Art des Zusammenlebens ist der Parasitismus, der dem einen Partner, dem Parasiten, nutzt, dem anderen, dem Wirt, aber schadet. So dienen einige küstenbewohnende Krabben als Wirt für *Sacculina*, einen seltsamen, mit den Seepocken verwandten Krebs. Dieser parasitische Wurzelfußkrebs heftet sich an eine junge Krabbe und lässt dann Tentakeln in den Krabbenkörper wachsen, dem er Nährstoffe entnimmt. Eine andere Art des Zusammenlebens ist die Symbiose, bei der beide Partner profitieren. Dies ist zum Beispiel beim Gewöhnlichen Einsiedlerkrebs und der Schmarotzerrose der Fall. Diese Seeanemone ist kein Parasit, wie ihr Name andeutet, sondern frisst Nahrungsreste des Krebses, der durch die nesselbewehrte Schmarotzerrose vor Feinden geschützt ist.

EINSIEDLER ZU HAUSE
Einsiedlerkrebse besitzen keinen harten Panzer, wie z. B. der Hummer, und suchen sich leere Schneckenhäuser zum Schutz ihres weichen Hinterleibs. Wenn sie ein neues Haus beziehen, weil ihnen das alte zu klein geworden ist, „pflanzen" sie oft auf dem alten Gehäuse sitzende Seeanemonen auf das neue um. In den Tropen gibt es auch Landeinsiedlerkrebse und Arten, die in hohlen Mangrovenwurzeln oder Bambusrohr leben.

DREI ARTEN
Die drei Tiere in dieser „Partnerschaft" entstammen ganz verschiedenen Tiergruppen. Der Einsiedler ist ein Krebs (S. 44), die Seeanemone ist ein Hohltier (S. 36) und das Gehäuse gehörte einst einer Wellhornschnecke, einem Weichtier (S. 26).

NESSELNDE WAFFE
Lybia tesselata trägt kleine Seeanemonen in ihren Scheren. Sie dienen als „Nesselkeule" zum Abwehren von Angreifern.

Dreikantwurmröhren an der Gehäuseinnenseite

SCHERE IN DER TÜR
Rückzug: Der Einsiedlerkrebs zieht sich bei Gefahr in sein Haus zurück. Dabei wird die größere rechte Schere normalerweise als „Schutztür" vor den Eingang gehalten. (Bei diesem Exemplar fehlt sie. Sie wurde wohl von einem Räuber abgebissen oder ist unter einen Felsbrocken geraten.)

DEN BODEN KEHREN
Die Tentakeln von Seeanemonen ragen meist aufrecht ins Wasser und fangen kleinste Nahrungsteilchen. Die Tentakeln der Schmarotzerrose hängen jedoch meist nach unten und „fegen" Nahrungsteilchen auf, die der Krebs fallen lässt.

Kleine, geschlossene Anemone

Wellhorngehäuse

Weicher Hinterleib

Große Schere zum Verschließen des Hauseingangs

Hinterbeine

AUS DEM HAUS
Bei einem Einsiedlerkrebs ohne Haus kann man den weichen, eingerollten Hinterleib erkennen. Ist der Krebs zu groß für sein Haus geworden, verlässt er es und sucht ein neues. Mit den beiden kleinen hinteren Beinpaaren klammert er sich im Schneckenhaus fest.

Scherenglied (Schere fehlt)

Lange Antennen

Tentakeln fangen Nahrung aus dem Wasser.

UNTERWEGS
Wenn der Einsiedlerkrebs umherläuft, ragen Kopf, Antennen, Scheren und die beiden vorderen Schreitbeinpaare aus dem Gehäuse. Wie seine Verwandten, die Krabben, ist der Einsiedler ein Aasfresser. Er ernährt sich von toten und sterbenden Tieren sowie von Pflanzenresten. Ein sterbendes Tier an der Küste ist ein gefundenes Fressen für Krabben und Einsiedler.

IM SCHUTZ DER NESSELKAPSELN
Clownfische leben zwischen den Tentakeln von Seeanemonen. Sie besitzen einen besonderen Schutz gegen die Nesselkapseln ihrer Wirte. Wahrscheinlich profitieren beide Tiere in mehrfacher Hinsicht von dieser Lebensgemeinschaft. Die Clownfische sind zwischen den Tentakeln sicher, vielleicht vertreiben sie Feinde, die an den Anemonen fressen wollen. Die Fische könnten Nahrung von den Seeanemonen absammeln und diese dadurch reinigen oder Nahrungsreste fallen lassen, die die Anemone dann frisst. Vielleicht locken die bunten Fische auch Feinde an, die die Seeanemone dann fängt und frisst.

KEGELSCHNECKENHAUS
Dieser pazifische Einsiedlerkrebs bewohnt das leere Gehäuse einer Kegelschnecke. Manche tropischen Kegelschnecken sind sehr giftig, ihr Gehäuse ist also ein guter Schutz.

Tarnung

Bei einem flüchtigen Blick in einen Gezeitentümpel entdeckt man vielleicht nur einige Algen und ein paar Muscheln und Schnecken. Doch Abwarten und genaues Hinsehen lohnen sich. Ein Stein huscht durchs Wasser: Es ist ein Schleimfisch auf Nahrungssuche. Ein Stück Sandboden bewegt sich: eine Garnele, die ihre Hautfärbung dem Untergrund genau anpassen kann. Ein kleiner Stein gleitet über den Tang: Eine Strandschnecke grast Algenrasen ab. An einer Stelle bewegt sich der grobkörnige Sandboden und zwei Augen erscheinen: Ein Plattfisch hat sich mit Sand und Steinchen bedeckt. Diese Tiere sind gut getarnt und entziehen sich so ihren Feinden oder lauern ihrer Beute auf. Neben Form und Färbung spielt auch das Verhalten eine große Rolle für die Tarnung. Seenadeln zum Beispiel schwimmen (S. 34) meist aufrecht, sodass ihre Umrisse mit den Seegras- und Algenstängeln verschmelzen, zwischen denen sie sich verstecken.

HELLE UNTERSEITE
Von oben sind Plattfische kaum zu erkennen. Ihre Färbung verschmilzt mit dem Untergrund. Unterseits sind die meisten Plattfische weiß oder zumindest hell.

TANG ODER TIER?
Der Fetzenfisch, ein Seepferdchenverwandter der südaustralischen Küstengewässer, lebt in Algenbeständen. Durch seine blattartigen Hautlappen erscheint er wie eine Pflanze.

SEEIGELBEDECKUNG
Manche Seeigelarten ergreifen mit ihren langen Saugfüßchen Steinchen, kleine Schalentiere und Tangstücke und halten diese über sich. Ein gut „maskierter" Seeigel ist schwer zu erkennen. Abgebildet sind Strandseeigel, die von der Gezeitenzone bis in etwa 100 m Tiefe vorkommen.

WECHSELHAFTE KLIESCHE
Viele Plattfische können ihre Färbung dem Untergrund sehr gut anpassen. Noch vor wenigen Minuten war diese junge Kliesche hell sandfarben. Auf dunkle Steinchen gelegt, wurde sie augenblicklich dunkler. Die Flecken auf ihrer Oberseite wurden fast schwarz. Ältere Klieschen werden bis zu 40 cm lang.

SUCHBILD
Die Scholle ist eine Tarnungsexpertin. Auf Kiesboden ist sie fast unsichtbar. Schollen verbringen ihre Jugend in Küstennähe und wandern dann ins tiefere Wasser. Große Exemplare können bis 60 cm lang werden.

EIN STEIN UNTER ANDEREN
Dieser junge Taschenkrebs hat sich zwischen ähnlich gefärbten Steinen versteckt und verhält sich ganz still, die Scheren sind unter den Körper gezogen. Nur am muschelartigen Rand des Panzers kann man ihn erkennen.

TÖDLICHER STEIN
Das Flachwasser mancher Pazifikküsten kann für einen unaufmerksamen Strandgänger zur tödlichen Falle werden. Ein vermeintlicher Steinkorallenbrocken kann ein Steinfisch mit aufgerichteten Giftstacheln sein.

WIE VERSTEINERT
Zur Tarnung trägt auch das Verhalten bei. So verharren kleine Küstenfische wie der Strandküling (links) und der Seeschmetterling (rechts) lange Zeit völlig reglos auf den Felsen. Nur zum Beutefang schießen sie plötzlich aus ihrem „Versteck".

Leben auf den Klippen

Vogelfelsen gehören zu den aufregendsten und beeindruckendsten Sehenswürdigkeiten einer Küste. Felsklippen an der Küste, einzelne Felsen im Meer und abgelegene Inseln sind nur im Flug zu erreichen und deshalb sichere Brutplätze für Meeresvögel. Bodenlebende Räuber sind hier kaum eine Gefahr, es sei denn, sie sind besonders wendig wie Schlangen oder Ratten. Der Anblick von über 50 000 Basstölpeln an einem Felsen auf einer Vogelinsel ist atemberaubend. Wie in einem riesigen Schneetreiben wirbeln die weißen Vögel durch die Luft, stoßen ins Wasser, lassen sich auf ihren 1,8 Meter Flügelspannweite von Aufwind die Klippe hinauftragen, würgen für ihre Jungen Fisch aus dem Kropf hervor, kreischen jeden an und picken mit ihren Speerschnäbeln nach jedem, der auf Pickweite an sie herankommt.

EIN EI AUF NACKTEM FELS
Die Tordalken der nördlichen Halbkugel ähneln den Pinguinen der Südhalbkugel, doch sie können sehr gut fliegen. Sie brüten oft zu Zehntausenden an Felsklippen. Jedes Tordalkweibchen legt nur ein Ei.

ACHTUNG!
Die abgebildeten Eier stammen aus Museen. (Die Farben sind daher etwas verblasst.) Heute ist es verboten, die Eier wild lebender Vögel aus dem Nest zu nehmen.

EIER IM BAU
Papageitaucher sind Höhlenbrüter. Sie graben entweder selbst einen Bau in weichen Boden oder übernehmen alte Wühlmaus- oder Kaninchenbauten. Papageitauchereier sind weiß. Da sie unter der Erde ausgebrütet werden, benötigen sie keine Tarnfärbung.

Ein Papageitaucher, gemalt von dem englischen Vogelmaler Archibald Thorburn

Archibald Thorburn: Eine junge und eine alte Silbermöwe

KULLEREIER
Die gesprenkelten Eier der Trottellumme besitzen eine konische Form. Werden sie von einem Vogel oder vom Wind angestoßen, rollen sie in einem engen Kreis und fallen nicht von der Klippe.

LAUT UND GEFRÄSSIG
Silbermöwen sind laut und aggressiv. Der Lärm in ihren Brutkolonien ist ohrenbetäubend. Ein durchschnittliches Gelege besteht aus drei Eiern.

Kormoran

Spitzer Hakenschnabel zum Festhalten schlüpfriger Beute

NATURDÜNGER
Guano, der in dicken Schichten abgelagerte Kot einer Seevogelkolonie, enthält viel Stickstoff, Kalzium und Phosphor. Im letzten Jahrhundert besaß der Guano-Abbau eine große wirtschaftliche Bedeutung. Der meiste Vogeldünger kam von südamerikanischen und afrikanischen Küsten und Inseln und wurde nach Europa und Nordamerika verschifft.

NACH DEM TAUCHEN FEDERN TROCKNEN
Der Kormoran, der größte Vertreter der 29 Arten umfassenden Kormoranfamilie, ist fast weltweit verbreitet. Kormorane schwimmen und tauchen nach Krabben, Fischen und anderer Beute aus dem Meer. Nach dem Tauchen stehen sie in typischer Pose mit ausgebreiteten Flügeln und lassen das Gefieder trocknen.

Langer, biegsamer Hals

SCHICHTARBEIT
Kormorane bauen ihr Nest aus Zweigen, Tang und anderem Pflanzenmaterial meist auf Klippen am Meer, gelegentlich auch auf Bäumen im Binnenland. Beim Ausbrüten der 3–5 Eier (es dauert etwa 1 Monat, bis die Jungen schlüpfen) wechseln sich die Eltern ab.

Alle vier Zehen sind mit Schwimmhäuten verbunden, sodass der Kormoran gut schwimmen kann.

Nahrung aus dem Meer

Fische sind eine schlüpfrige Beute. Daher besitzen viele fischfangende Tiere Schnäbel oder Schnauzen, die speziell an das Fangen und Festhalten der glitschigen Fische angepasst sind. Robben etwa haben zu diesem Zweck kleine, spitze Zähne. Fischfangende Vögel sind in der Regel mit langen, dolchartigen Schnäbeln ausgestattet, oftmals, wie bei den Möwen, mit einer herabgezogenen Oberschnabelspitze, die ein Herausrutschen des Fischs verhindert. Möwen sind ein gewohnter Anblick an den Küsten der nördlichen Halbkugel. Sie fangen Fische aus den Gezeitentümpeln, Krabben und Muscheln. Wie viele andere Seevögel jagen Möwen während der Brutsaison in Küstennähe, ziehen danach aber oft aufs offene Meer hinaus und verbringen dort den Rest des Jahres.

ALLZWECKSCHNABEL
Die breiten Silbermöwenschnäbel eignen sich ebenso zum Erbeuten von Tieren wie zur Nahrungssuche auf Müllhalden.

MEISSELFÖRMIG
Austernfischer hebeln oder hämmern die Schalen von Muscheln und anderen Weichtieren mit ihren meißelförmigen Schnäbeln auf.

STOSSTAUCHER
Der Basstölpel stößt aus bis zu 30 m Höhe ins Wasser, um Heringe, Sardinen, Makrelen und andere Fische zu fangen. Mit seinem spitzen Schnabel kann sich der Basstölpel auch wirksam verteidigen.

Röhrennase

HAKENSCHNABEL
Eissturmvögel brüten in Kolonien auf Felsinseln und Klippen. Sie ernähren sich von Fischen, die nahe der Wasseroberfläche leben. Charakteristisch sind die „Röhrennasen" dieser Vögel.

GEFÄHRLICHE ARBEIT
An manchen Küsten fängt man auch heute noch Seevögel und sammelt ihre Eier. Auf St. Kilda, einer Insel vor der Nordwestküste Schottlands, war dies bis 1940 üblich. Altvögel wurden mit Netzen gefangen, Eier und Jungvögel von den Felsen abgesammelt. Die Opfer waren hauptsächlich Basstölpel, Eissturmvögel (rechts) und verschiedene Alken.

Die kleinen Flügel dienen beim Schwimmen als Ruder, beim Fliegen schlagen sie sehr schnell.

HELFER DES FISCHERS
Seit Jahrhunderten fischt man in Ostasien mit abgerichteten Kormoranen. Ein Halsring verhindert, dass die Vögel die Fische verschlucken, mit einer Leine werden sie ins Boot zurückgezogen. Diese Art des Fischfangs ist heute eine Touristenattraktion.

DEN SCHNABEL VOLL
Nach einem Tauchgang kann ein Papageitaucher bis zu 10 kleine Fische (hier sind es Sandaale) im Schnabel halten. Er brütet an den Küsten des Nordatlantiks und des Polarmeers.

SCHWIMMFÜSSE
Trottellummen (S. 52) besitzen relativ große Füße mit kräftigen Schwimmhäuten. Die als Anpassung an das Tauchen weit hinten am Körper eingelenkten Beine machen an Land eine aufrechte Körperhaltung (wie bei Pinguinen) notwendig.

GEFAHR VON OBEN
Man nimmt an, dass Möwen durch ihren hellen Bauch für ihre Beutetiere gegen den hellen Himmel oder helle Wolken weniger leicht zu erkennen sind. Dies ist eine junge Silbermöwe mit gesprenkeltem Gefieder. Erwachsene Tiere haben einen weißen Bauch.

Krallenbewehrte Zehen

SCHIFFSSCHRAUBE
Die großen Schwimmfüße treiben den Basstölpel mit erstaunlicher Geschwindigkeit vorwärts, wenn er Fische jagt. Mit den Füßen bedeckt er auch die Eier beim Brüten.

Die Trottellumme sitzt meist auf den Unterschenkeln auf den Felsen.

Beim Brüten wird das Ei (S. 52) auf den großen Schwimmfüßen balanciert.

Strandbesucher

Obwohl die Tierwelt der Küsten von kleinen Arten geprägt wird, kann man gelegentlich auch große Tiere antreffen. Im Schutz der Dunkelheit legen Meeresschildkröten ihre Eier im warmen Sand tropischer Strände ab. Robben nehmen ein Sonnenbad, Männchen kämpfen um einen Harem von Weibchen. In der Arktis liegen Walrosse auf den eisigen Felsen, während auf den Galápagos-Inseln am Äquator Meeresechsen Algen von den Felsen abweiden. In der Antarktis versammeln sich Millionen von Pinguinen zum Rasten oder Brüten. Für manche Tiere aber bedeuten die Küstengewässer eine Falle. So ist es immer noch ein Rätsel, warum hin und wieder ganze Schulen von Walen stranden und verenden.

SUPPENDOSE MIT FLOSSEN
Als einzige der sechs tropischen Meeresschildkrötenarten ernährt sich die über 1 m lange und 180 kg schwere Suppenschildkröte ausschließlich von Pflanzen. Die Weibchen kommen immer wieder an den gleichen Strand, um ihre Eier im Sand zu vergraben. Hier ist es ein Leichtes, sie zu erlegen und ihre Eier zu rauben. Nach wie vor gilt die aus der Knorpelsubstanz hergestellte „Schildkrötensuppe" als Luxusdelikatesse, auch das Fett, die Haut und nicht zuletzt das Schildpatt sind begehrt, sodass die Suppenschildkröte vom Aussterben bedroht ist.

SONNE, MEER UND SAND
Vor einigen Jahrzehnten entdeckte ein Landlebewesen die Küsten als Lebensraum und veränderte wie überall, wo es bisher auftrat, die Landschaft deutlich. Heute belagert der Mensch in Scharen die Strände und die Buchten sind mit Spielzeugen wie Jachten und Surfbrettern übersät.

GESTRANDETER KALMAR
Gelegentlich werden Riesen-Tintenschnecken, Raubtiere der Tiefsee, an den Strand gespült. Solche Tiere sind wahrscheinlich verletzt, krank oder sogar schon tot, wenn die Strömung sie zur Küste treibt.

WELLENWIEGE
Der Kalifornische Seeotter kommt nur selten an Land. Er lässt sich lieber im Tanggürtel treiben (S. 22). Mit einem Stein zerschlägt er die harte Schale von Muscheln und Schnecken und frisst auch Seeigel und Krebse. Der Kalifornische Seeotter, die größte der zwölf Otterarten, wird bis zu 45 kg schwer. Er war selten geworden, da er wegen seines Fells stark bejagt wurde. Doch ein 1911 abgeschlossenes internationales Schutzabkommen (das erste dieser Art) bewahrte ihn vor dem Aussterben.

AUF DEN WELLEN DES OZEANS
Seehundbabys (diese „Heuler" sind etwa 3 Monate alt) werden an Land geboren, können aber gleich nach der Geburt schwimmen. Seehunde robben auf Felsen oder Sandbänke, um zu rasten oder zu gebären. In den letzten Jahren fielen immer wieder viele dieser im Nordatlantik und Nordpazifik heimischen Tiere tödlichen Virusinfektionen zum Opfer.

Strandwanderer

Zweimal täglich steigt das Wasser an der Küste, und wenn es dann wieder abläuft, lässt es an der Hochwasserlinie einen Spülsaum zurück, ein Sammelsurium der verschiedensten Dinge aus dem Meer und eine wahre Fundgrube für den Naturfreund. Steine, Muschelschalen, Federn und Treibholz liegen kreuz und quer durcheinander und jeder Gegenstand kann seine eigene Geschichte erzählen. Algen wurden von der Brandung vom Felsen gerissen und von der Strömung an andere Küsten gespült. Große Meeresströmungen wie der Golfstrom können schwimmende Objekte Tausende von Kilometern weit mitnehmen und zu entlegenen Stränden transportieren. Manche Pflanzen nutzen das Meer zur Samenverbreitung. Ein bekanntes Beispiel ist die Kokosnuss. Die „Nuss" ist der Kern einer Steinfrucht, das „Fruchtfleisch" sind die für Matratzen, Matten und Seile verwendeten Kokosfasern, umgeben von einer braunen ledrigen Haut. Diese Hülle ergibt ein gutes „Floß", und wenn eine Kokospalme am Strand ihre Früchte ins Meer fallen lässt, werden sie von Strömungen an entfernte Strände getragen, wo aus ihnen neue Palmen wachsen können. Auf diese Weise hat die Kokospalme die tropischen Küsten rund um die Welt besiedelt.

ZEITVERTREIB
Das Durchkämmen des Spülsaums lohnt sich, da das Meer die verschiedensten Dinge anspült. Früher sammelten und verkauften die Menschen Raritäten, Nahrung, Treibholz und andere Gegenstände. Heute kann man nicht überall im Spülsaum wühlen. Müll aus Menschenhand wird angeschwemmt und die Buchten sind oft verschmutzt.

GESUND
Viele Algen werden als Nahrung für den Menschen und als Viehfutter gesammelt oder als Dünger benutzt. Algen wie der Sterntang sind sehr nährstoffreich. Darüber hinaus enthalten sie Spurenelemente, d. h. Mineralien, die der menschliche Körper in geringen Mengen benötigt. Algen werden auch als Arzneimittel eingesetzt, z. B. hilft ein gelartiger Algenextrakt bei der Behandlung von Brandwunden.

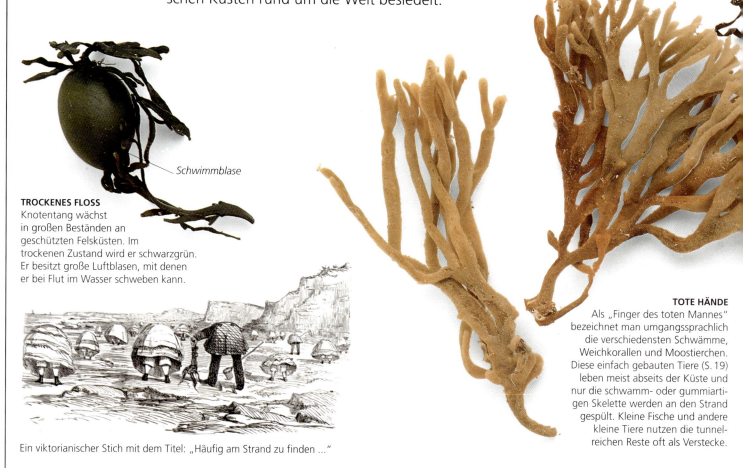

Schwimmblase

TROCKENES FLOSS
Knotentang wächst in großen Beständen an geschützten Felsküsten. Im trockenen Zustand wird er schwarzgrün. Er besitzt große Luftblasen, mit denen er bei Flut im Wasser schweben kann.

Ein viktorianischer Stich mit dem Titel: „Häufig am Strand zu finden …"

TOTE HÄNDE
Als „Finger des toten Mannes" bezeichnet man umgangssprachlich die verschiedensten Schwämme, Weichkorallen und Moostierchen. Diese einfach gebauten Tiere (S. 19) leben meist abseits der Küste und nur die schwamm- oder gummiartigen Skelette werden an den Strand gespült. Kleine Fische und andere kleine Tiere nutzen die tunnelreichen Reste oft als Verstecke.

Fortsetzung von Seite 59

„Arme" eines Seeigels

Corona eines Essbaren Seeigels

Dieser Seeigel ist noch nicht lange tot. Er besitzt noch einige Stacheln.

Hier befand sich der After.

Hals

HOHLER STEIN
Dieser Stein entstand um ein Tier herum, dessen Spuren schon lange verschwunden sind.

Hier war der Kiefer.

LÖCHER IN DER KUGEL
Die kugelige Schale des Seeigels, die Corona, weist in regelmäßiger Musterung Beulen, Kerben und Löcher auf, wo sich beim lebenden Tier Stacheln und Füßchen befanden. Das große Loch markiert die Afterregion. Ohne Stacheln kann man auch beim Seeigel die fünfstrahlige Symmetrie erkennen, die für Stachelhäuter typisch und beim Seestern auch im Leben gut zu sehen ist. Alle wichtigen Organe des Seeigels sind in der Schale geschützt, auch die Gonaden, die Fortpflanzungsorgane der Tiere, die in manchen Gegenden als Delikatesse gelten.

Abgebrochene Rippen

FISCHFUND
Skelette von Knochenfischen, z. B. von Barschen oder Dorschen, werden manchmal an den Strand gespült. Bei diesem Skelettrest sind der Hinterkopf, die Halswirbel und die meisten Wirbel des Rumpfs erkennbar. Solche Reste könnten auf das Konto von Fischern gehen, die junge Fische ins Meer zurückwerfen.

Breite, abgeflachte Hinterfüße zum Schwimmen

Für diese Art typisch: die roten Gelenke der Beine

Rückenpanzer abgehoben

Kiemen

Eine Möwenkolonie: Lärm, Kot und Federn zuhauf

In diesem Hohlraum in der Körpermitte liegt das Herz.

FEDERFUNDE
Federn von Seevögeln findet man an fast allen Stränden. Sie sind so leicht, dass der Wind sie an den Strand bläst. Manche Federn stammen von toten Vögeln, doch die meisten sind bei der Mauser abgeworfen worden.

DIE NÄHTE REISSEN
Diese Schwimmkrabbe, eine Samtkrabbe, beginnt zu verwesen. Der Panzer bricht an den Nähten auseinander und enthüllt das Innere des Tiers. Die wichtigen Organe befinden sich in der Körpermitte. In zwei Kammern an den Seiten liegen die Kiemen, mit denen der Krebs im Meerwasser gelösten Sauerstoff aufnimmt.

Muskelfleisch der Schere schon teilweise von Aasfressern gefressen

ALLES ANGESPÜLT
Kiefernzapfen und andere leicht hölzerne Gegenstände werden manchmal, nach einer Reise flussabwärts ins Meer, an einen Strand gespült.

Schwungfeder einer erwachsenen Möwe

WINDKRAFT
Wind vom Meer treibt auch schwimmende Gegenstände ans Land und erhöht so die Chancen, etwas Besonderes im Spülsaum zu finden.

Feder eines Großen Brachvogels

Angespülter, vertrockneter Katzenhai

Hai in Küstennähe

Der Kleingefleckte Katzenhai ist ein recht harmloser Vertreter seiner Ordnung. Er wird etwa 90 cm lang und verbringt die meiste Zeit seines Lebens abseits der Küsten in Wassertiefen von 30–100 m. Im Spätherbst jedoch kommen die Katzenhaie ins küstennahe Flachwasser und legen ihre Eier zwischen den Tangen ab.

AUS DEM EI GEPELLT
Ein frisch geschlüpfter Katzenhai ist etwa 10 cm lang. Meist hängt er noch am Dottersack, doch dieser schrumpft, sobald der Junghai beginnt sich selbst zu ernähren. Erwachsene Katzenhaie fressen Krebse, Weichtiere und kleine Fische.

HAIBABYS
Junge Haie entwickeln sich in ihren Eikapseln und werden dort vom Dottersack ernährt. Die Entwicklung dauert etwa 10 Monate, je nach Wassertemperatur.

EIPAKET
Die leeren Eipakete der Wellhornschnecke sind ebenfalls am Strand häufig zu finden. Bei der Ablage werden die Eipakete an Steinen befestigt.

NIXENTÄSCHCHEN
Die Eikapseln des Katzenhais sind mit spiraligen Ranken im Tang verankert. Leere Eikapseln, Nixentäschchen genannt, werden oft an den Strand gespült.

Schutz unserer Küsten

Küsten unterliegen einer vielfältigen Nutzung. Kinder planschen im flachen Wasser, Surfer reiten auf den Wellen, Naturfreunde untersuchen Pflanzen und Tiere, Küstenbewohner „ernten" Algen, Muscheln und Schnecken, von Plattformen aus wird Öl gefördert. Diese intensive Nutzung ebenso wie die zunehmende Verschmutzung der Meere bringen unübersehbare Probleme mit sich. Jahrzehntelang haben wir das Meer als Müllkippe benutzt und riesige Mengen an Chemikalien, Haus- und Industriemüll hineingeschüttet, in der Hoffnung, das Meer werde das Gift irgendwie unschädlich machen. Doch jetzt ist die See krank, an den Stränden zeigen sich die Ergebnisse der Zerstörung. Es ist höchste Zeit, etwas zu tun, um Meere und Küsten für die Zukunft zu erhalten.

INDIKATORPFLANZEN
Als Indikatorart (Zeigerpflanzen) reagieren manche Algenarten sehr schnell auf Verschmutzung. Anhand von gepressten Exemplaren und durch Bestandserfassungen können Umweltveränderungen dokumentiert werden.

TAUCHEN MIT MÜLLEIMER
In den 1930er-Jahren wurden die ersten Unterwasseruntersuchungen im Küstenbereich durchgeführt. Die Ausrüstung der Wissenschaftler war noch recht primitiv.

SCHALEN
Gehäuseuntersuchungen zeigen, wie manche Arten durch Verschmutzung oder Überfischung immer kleiner wurden.

NÄHERE BETRACHTUNG
Die für Freilanduntersuchungen unentbehrliche Lupe muss für die Arbeit am Strand rostfrei sein.

SANDSIEBEN
Garnelen, Herzmuscheln und andere essbare Küstentiere kann man mit einem feinen Netz im feuchten Sand entlang der Brandungszone fangen. Die hölzerne Kante wird knapp unter der Wasseroberfläche entlanggeführt. Sandkörner können leicht aus dem Netz entweichen, größere Objekte sind jedoch gefangen. Garnelenfangen war einst ein beliebter Zeitvertreib. Heute sind jedoch die meisten Küsten ausgebeutet oder zu verschmutzt, als dass sich der Fang lohnt.

TIDENKALENDER
Für Untersuchungen in der Gezeitenzone sind Gezeitentabellen lebenswichtig. Tidenkalender geben Hoch- und Niedrigwasserzeiten und die relativen Wasserstände an. Bei Springtiden-Niedrigwasser liegt die Küste am weitesten frei.

GESTEINSKARTE
Für Untersuchungen der Küstenlinie ist eine geologische Karte wichtig. Verschiedene Gesteinsarten sind mit unterschiedlichen Farben dargestellt, und wie bei normalen Karten sind Höhenlinien angegeben. Granit, Sandstein und ähnlich harte Gesteine bilden meist stabile Felsküsten, während Kalkgestein leichter abgetragen wird.

INSPIRATION FÜR DEN KÜNSTLER
Viele Menschen sind von der See fasziniert. Maler haben Küstenlandschaften in den verschiedensten Formen dargestellt: sanfte Sommerszenen, die die Beständigkeit der Gezeiten widerspiegeln, und Winterstürme mit all ihrer zerstörerischen Gewalt.

MODE DER ZEIT
Die Bademode des 19. Jh. erscheint uns heute witzig und seltsam. Doch wie wird man in hundert Jahren unsere Badeanzüge beurteilen?

WASSERDICHTE AUSRÜSTUNG
Moderne wasserdichte Kameras erlauben uns Naturprotokolle ohne Naturzerstörung. Eine Unterwasserlampe bringt Licht in Felsspalten und an die Schattenseite der Felsen. Es ist immer besser, mit einer Taschenlampe in eine Felsspalte zu leuchten, statt mit der Hand hineinzufassen!

KÜSTENPROFIL
Eine Möglichkeit, ein Küstenprofil aufzunehmen, ist, ein Seil die Küste herab zu spannen, möglichst von der Hoch- bis zur Niedrigwasserlinie. Man beginnt bei Niedrigwasser und protokolliert entlang des Seils aufwärts die häufigsten Algen und sonstigen Lebewesen. Doch immer darauf achten: Nach etwa einer Stunde kommt die Flut.

AUS IHREM ELEMENT
Küstentiere müssen schnell ins Meer zurück. Für sie ist das Leben an Land ebenso schwierig wie für uns das Leben unter Wasser.

Wasserdichte Taschenlampe

WASSERPROBEN
Wir können die im Meerwasser gelösten Stoffe nicht sehen, doch ihre Konzentrationen bestimmen über Leben oder Tod der Meereslebewesen. Mit Testsätzen kann man den Gehalt des Wassers an bestimmten Stoffen ermitteln, so z. B. den Nitrat- und Nitritgehalt als Maß für die Verschmutzung. Riesige Mengen von stickstoffhaltigen Kunstdüngern werden aus den Äckern in die Flüsse und von dort ins Meer gespült. Dichte und Leitfähigkeit des Wassers geben Aufschluss über die Konzentration gelöster Salze.

HEBEL
Strand- und Napfschnecken hebt man mit einem Taschenmesser vorsichtig vom Fels ab, setzt sie dann aber wieder zurück.

Wusstest du das?

Erstaunliche Fakten

- Auf der Erde gibt es etwa 40 000 Arten von Krebsen.

- Die größte Muschel ist die Große Riesenmuschel (*Tridacna gigas*), die im indopazifischen Ozean heimisch ist. Sie kann bis zu 225 kg schwer werden.

- Das Blut eines Hummers ist farblos und färbt sich bläulich, wenn es mit Sauerstoff in Kontakt kommt.

- Eine Garnele kann etwa 500 000 Eier auf einmal ablegen.

- Robben schwimmen mit durchschnittlich 19 km/h. Menschen sind nicht einmal 1,6 km/h schnell.

- Die höchste Welle, die je im offenen Meer vermessen wurde, war 34 m hoch. Die Mannschaft der *USS Ramapo* maß ihre Höhe 1933 im Pazifischen Ozean. Flutwellen, die bei Erdbeben entstehen (Tsunamis), sind oft 10 m hoch oder höher.

Rote Klippenkrabben auf den Galápagos-Inseln

- Rote Klippenkrabben meiden das Wasser. Werden sie überspült, dann krabbeln sie so schnell wie möglich an Land.

- Einige Arten der Kegelschnecken sind sehr giftig. Sie kommen in tropischen Meeren vor und spritzen das Gift mit ihrer Raspelzunge ein, die bei ihnen wie eine Harpune geformt ist. Es kann für einen Menschen tödlich sein.

- Erbsenkrabben leben zwischen den Schalen lebender Austern und ernähren sich von den Nahrungsteilchen, die diese Tiere aus dem Wasser filtern. Sie sind Parasiten und schädigen die Muscheln.

- Seegräser sind die einzigen Blütenpflanzen, die im Meer vorkommen. In Küstenmeeren sind sie sehr wichtig, denn sie sind die Hauptnahrung von Seekühen und Suppenschildkröten und bieten vielen kleinen Meeresbewohnern einen Lebensraum. Außerdem stabilisieren sie Sedimente (abgelagerte Schlamm- und Gesteinsteilchen). Vor den Küsten Australiens sind die Seegraswiesen am artenreichsten.

- Austern können ihr Geschlecht wechseln und sich auch wieder zurückverwandeln.

- Robben können beim Tauchen 30 Minuten lang unter Wasser bleiben. Meistens kommen sie aber nach 5 Minuten wieder an die Oberfläche.

- Seesterne sind die einzigen Tiere, die ihren Magen ausstülpen können. Wird der Körper eines Seesterns zerteilt, wachsen bei jedem einzelnen Stück neue Arme nach, sodass wieder vollständige Tiere entstehen.

Eisstern

- Papageitaucher tauchen bis in 60 m Tiefe hinab, um Fische zu erbeuten. Mit ihren Flügeln verschaffen sie sich Antrieb. Sie können viele Fische gleichzeitig im Schnabel festhalten.

- Experten sagen vorher, dass der Meeresspiegel wegen des Klimawandels bis zum Jahr 2100 um bis zu 50 cm steigen wird. Viele Küsten werden dann überflutet und stärker abgetragen.

- Der Wind lässt die Wellen höher werden.

Fragen und Antworten

Die Küstenlinie von Monaco ist dicht bebaut.

F Welches Land hat die kürzeste Küstenlinie?

A Monaco hat die kürzeste Küstenlinie: Sie ist nur 5,6 km lang. Kanada, das zweitgrößte Land der Erde, hat die längste Küstenlinie: Sie misst 90 908 km.

F Können mit Abwässern verschmutzte Muscheln gereinigt werden, damit man sie essen kann?

A Ja, wenn man die Muscheln in sauberes Wasser setzt, reinigen sie sich selbst. Man kann sie dann essen.

Rekordverdächtig

HÖCHSTE FLUT
Bei Flut kann der Wasserspiegel in der Bay of Fundy in Kanada über 15 m steigen.

GRÖSSTES KORALLENRIFF
Das Große Barriereriff erstreckt sich an der Küste von Queensland im nordöstlichen Australien über 2028 km (ein Gebiet, doppelt so groß wie Island).

GIFTIGSTE SCHNECKE
Die giftigste Schnecke ist die Kegelschnecke *Conus geographus*, die im Pazifik vorkommt.

GRÖSSTES KREBSTIER
Die Japanische Riesenkrabbe ist das größte Krebstier: Sie wiegt bis zu 20 kg und der Durchmesser von Panzer und Beinen kann über 3,5 m betragen.

GRÖSSTE MEERESSCHILDKRÖTE
Die Lederschildkröte ist die größte Meeresschildkröte. Sie kann bis 637 kg schwer und 1,85 m lang werden.

SALZHALTIGSTES WASSER
Das Wasser im Roten Meer ist salzhaltiger als das aller anderen Meere.

F Welche Tiere können gefährlich werden, wenn du im Meer schwimmst?

A In einigen Meeren der Erde sind Haie für Schwimmer die größte Gefahr. Auch Barrakudas, Muränen, Kraken, Seeigel mit spitzen Stacheln, Stechrochen, Kugelfische, manche Welse und Quallen sollte man meiden. Die Tentakel der Portugiesischen Galeere, einer Staatsqualle, können 15 m lang werden. Sie sind mit Nesselzellen besetzt, die Menschen schmerzhaft vernesseln können.

F Wie sind europäische Ponys auf die Insel Assateague (USA) gelangt?

A Es ist ein Rätsel, wie die wilden Ponys auf die Insel Assateague vor der Küste von Maryland und Virginia (USA) gelangt sind. Vor kurzer Zeit hat man vor der Insel im Meer ein gesunkenes Schiff entdeckt. Deshalb vermutet man, dass hier im 17. Jh. ein spanisches Schiff untergegangen ist, das Pferde an Bord hatte. Einige der Tiere konnten sich vielleicht ans Ufer retten und haben sich später auf der Insel vermehrt. Heute lebt hier eine stabile Population von etwa 300 Pferden.

Wilde Ponys auf der Insel Assateague

F Wie entsteht eine Perle in einer Auster?

A Eine Perle bildet sich, wenn ein Fremdkörper, wie ein Sandkorn, in die Schale einer Auster gelangt. Die Auster kapselt den Fremdkörper ab: Sie hüllt ihn mit Schichten aus Perlmutt ein. Mit der Zeit entsteht eine Perle.

F Wo legen Meeresschildkröten ihre Eier ab?

A Meeresschildkröten verbringen einen großen Teil ihres Lebens im Meer, die Weibchen kehren aber zur Eiablage an den Strand zurück, an dem sie selbst aus dem Ei geschlüpft sind. Oft müssen sie sehr weite Strecken zu diesen Stränden schwimmen.

F Schlafen Fische?

A Fische schlafen nicht auf die gleiche Weise wie wir Menschen, aber sie ruhen. Sie können ihre Augen nicht schließen und manche Fische schwimmen immerzu. Die meisten Fische legen aber Ruheperioden ein, in denen sie sich treiben lassen oder an einem ruhigen Ort niederlassen.

Schutz unserer Küsten

Die Verschmutzung der Küsten auf der ganzen Erde stellt eine immer größere Bedrohung für die Tiere und Pflanzen dar, die diese Lebensräume bewohnen. Wir betrachten hier einige der Auswirkungen. Außerdem sehen wir uns einige Küstentypen noch einmal an, um uns in Erinnerung zu rufen, wie schön und verletzlich diese Lebensräume sind. Auch du kannst zum Schutz der Lebewesen am Strand beitragen. Nimm zum Beispiel deinen Müll wieder mit nach Hause und achte darauf, die Pflanzen und Tiere nicht zu stören oder zu schädigen. Vielleicht gibt es in deiner Nähe eine Naturschutzgruppe, der du beitreten kannst.

TOURISMUS
Die Unechte Karettschildkröte ist gefährdet. Diese Tiere brauchen ruhige Strände, aber an den meisten Stränden sind immer viele Touristen unterwegs. Naturschützer (wie oben) setzen sich für ihre Rettung ein.

ABWÄSSER
Auf der ganzen Erde werden täglich Millionen Tonnen Abwässer und Industrieabfälle in die Meere gekippt. Die Abwässer und Chemikalien vergiften Pflanzen und Tiere. Auch Menschen können hier nicht gefahrlos baden.

Hier fließen Abwässer ins Mittelmeer.

ÜBERFISCHUNG
In fast allen Meeren der Erde werden so viele Fische gefangen, dass die Fischpopulationen sich nicht schnell genug erholen können. Noch nie waren die Fischbestände so klein wie heute.

ÖLPEST
Wenn ein Öltanker einen Unfall hat, kann das Erdöl auslaufen. Die Auswirkungen auf die Ökosysteme im Meer und an der Küste sind fürchterlich. Vögel, Fische und Pflanzen, die mit dem Öl in Kontakt kommen, werden vergiftet und viele von ihnen gehen zugrunde. Diese Papageitaucher sind gestorben, weil ihr Gefieder mit Öl verklebt war.

In den Fischernetzen verfangen sich auch andere Meerestiere.

Ein Lachsfang

VERKEHR AUF DEM MEER
Wenn eine Küste bebaut wird, werden die natürlichen Lebensräume zerstört. In einem Hafen gelangt beim normalen Schiffsverkehr jede Menge Öl ins Meer, auch wenn keine Unfälle passieren. Hier siehst du den Hafen von Salerno in Italien. Er besteht aus einem Fischereihafen und einen Tourismushafen. In beiden Teilen legen täglich Hunderte von Schiffen an und ab.

MÜLL AM STRAND
Das Reisen wird immer beliebter, aber die vielen Touristen ruinieren allmählich die Strände der Erde. Sonnenanbeter lassen Plastikflaschen und anderen Müll am Strand zurück. Die Sonnencreme wird im Wasser abgespült und schadet vielen Tieren im Meer.

Strand-Lebensräume

KIES
Ein Kiesstrand besteht aus Kieselsteinen. An solchen Stränden können nur wenige Tier- und Pflanzenarten überleben, weil die Steine ständig von den Gezeiten bewegt werden. Dieser Kies stammt von der Küste von Sussex (England).

SCHWARZER SAND
Dieser Strand besteht aus schwarzem Basaltsand. Vulkanische Lava wurde im Lauf vieler Jahre von den Wellen zu Sand zermahlen. Solche Strände sind recht selten, aber man findet sie auf der ganzen Erde. Dies ist ein Strand auf Island.

Strand aus weißem Sand in Tansania

WEISSER SAND
Solche Strände sind bei Urlaubern am beliebtesten. Der Sand besteht aus Gesteinen, Muschel- und Schneckenschalen und Korallen, die zu feinen Partikeln zermahlen wurden und in der Sonne ausgebleicht sind. Im Sand legen viele Tiere ihre Baue an.

FELSEN
Felsstrände bestehen aus Felsbrocken und Gezeitentümpeln. Vielfältige Pflanzen und Tiere leben an solchen Stränden. Gezeitentümpel sind kleine Ökosysteme, die Felsbrocken bieten Lebewesen Schutz vor der Witterung und auf flachen Steinen leben Arten, die keine Überflutung vertragen. Dieser Strand befindet sich in der kanadischen Arktis.

Neugierig geworden?

An jeder Küste kannst du viele interessante Tiere und Pflanzen entdecken. Wenn du den Strand entlangläufst, werden dir viele Arten begegnen und seichte Bereiche oder Gezeitentümpel kannst du mit einem Kescher erforschen. Hinter dem Strand leben auf Klippen, in Höhlen, auf Salzwiesen und Sanddünen noch viele andere Pflanzen und Tiere. Wenn du etwas über Küsten und ihre Bewohner in anderen Teilen der Erde erfahren willst, dann lohnt sich der Besuch in einem Meeresaquarium oder Naturkundemuseum.

SCHNORCHELN
Beim Schnorcheln kannst du jede Menge über die Tiere und Pflanzen herausfinden, die an der Küste leben. Schwimme in Begleitung eines Erwachsenen in einem Bereich, wo keine Felsen im Wasser sind. Halte nach Fischen, Korallen, Muscheln und Schnecken Ausschau.

INTERNETADRESSEN

- Kennst du dich mit dem Wattenmeer aus?
  http://www.medienwerkstatt-online.de/lws_wissen/vorlagen/showcard.php?id=2313
- Erfahre mehr über Muscheln und teste dein Wissen in einem Quiz.
  http://www.tk-logo.de/cms/beitrag/10003396/204685/
- Schaue dir den Steckbrief des Gemeinen Seesterns an.
  http://www.kindernetz.de/oli/tierlexikon/-/id=74966/nid=74966/did=81764/1ye8nwm/
- Die bekannteste Vogelart an der Küste ist die Möwe.
  http://www.palkan.de/natur-moewe.htm

Mit Taucherbrille und Schnorchel kannst du unter Wasser sehen und atmen.

Besuche doch mal …

MEERESMUSEUM UND OZEANEUM STRALSUND
Die Hansestadt Stralsund liegt an der Ostsee vor der Insel Rügen. Im fantastischen Meeresmuseum erfährst du jede Menge über Meereslebensräume. Das Ozeaneum stellt die nördlichen Meere vor und du kannst viele Bewohner der Strände und Küsten beobachten.

MULTIMAR WATTFORUM TÖNNING
In Tönning an der Nordsee lernst du in riesigen Aquarien und interessanten Ausstellungen v. a. Tiere der Nordsee kennen.

WATTENMEERHAUS WILHELMSHAVEN
Das einmalige Wattenmeer ist hier das Thema. Der Lebensraum Salzwiese, die Tierwelt im Brandungsbecken und vieles mehr werden hier vorgestellt.

SEA LIFE
In einigen deutschen Städten gibt es Sea-Life-Standorte. Hier leben in Unterwassertunneln, runden Aquarien und Becken faszinierende Tiere der Meere und Küsten.

HAUS DES MEERES (WIEN)
In zahlreichen Aquarien tummeln sich über 10 000 Meerestiere aus der ganzen Welt.

EIN MEERESAQUARIUM
In vielen Städten gibt es ein Meeresaquarium, in dem Hunderte erstaunlicher Meerestiere aus aller Welt leben. Finde heraus, welche Pflanzen und Tiere weit draußen im offenen Meer vorkommen und welche man in der Nähe des Strands antreffen kann.

ERKUNDE DEN STRAND!
Wenn du einen Strand entlangläufst, werden dir viele Pflanzen und Tiere begegnen, die bei Flut angespült wurden, wie Muschel- und Schneckenschalen, Algen, Quallen und Korallen. Unter der Sandoberfläche wimmelt es meistens von Tieren, die hier ihre Baue graben. An Felsen sitzen oft Napfschnecken und in Nischen verbergen sich Krabben.

GEZEITENTÜMPEL
Erforsche Gezeitentümpel bei Ebbe. Erkundige dich genau, wann die Flut wieder einsetzt. Du kannst die Tiere vorsichtig mit einem Kescher fangen und kurze Zeit in einen Eimer setzen, um sie zu beobachten. Hier leben Krabben, Fische, Algen, Seesterne und viele andere Lebewesen. Setze sie wieder in ihren Lebensraum zurück, wenn du sie beobachtet hast!

PFLANZEN AM STRAND
Die Pflanzen an der Küste müssen robust sein, um die extremen Bedingungen zu überstehen. In Salzwiesen, die sich auf Ebenen hinter dem Strand ausbilden, wachsen Gräser und Seggen. An geschützten Stellen siedeln sich viele Pflanzen mit bunten Blüten an.

VÖGEL BEOBACHTEN
An der Küste kannst du viele faszinierende Seevögel beobachten. Möwen sind fast immer unterwegs und Watvögel stochern bei Ebbe mit ihren langen Schnäbeln im Sand nach Nahrung. Viele Vögel nisten auf hohen Klippen, denn hier sind sie vor Menschen und Raubtieren relativ sicher.

Glossar

Eine Krabbe ist ein Krebstier.

AASFRESSER Ein Tier, das sich von toten Pflanzen und Tieren ernährt.

ANTENNEN Sinnesorgane am Kopf von Krebstieren, wie Krabben, Hummern und Garnelen, die man auch als Fühler bezeichnet. Antennen werden zu unterschiedlichen Zwecken eingesetzt: Manche Krebse orientieren sich mit ihnen, andere tasten oder hören mit den Antennen.

ART Eine Gruppe von Lebewesen, die ähnlich aussehen und sich in der Natur miteinander fortpflanzen.

ÄSTUAR Eine breite Flussmündung, die sich ins Meer öffnet, bezeichnet man als Ästuar. Ebbe und Flut machen sich hier noch bemerkbar.

AUSGESTORBEN Wenn eine Art für immer von der Erde verschwunden ist, ist sie ausgestorben. Heute sterben immer mehr Arten aus, weil ihre Lebensräume verschmutzt oder zerstört werden oder sie zu stark bejagt werden.

AUSSENSKELETT Ein harter Panzer, der den Körper eines Tieres umgibt. Er besteht aus gekrümmten Platten und Röhren, die gelenkig miteinander verbunden sind. Krebstiere haben ein Außenskelett.

BEUTE Ein Tier, das von einem Räuber gefressen wird.

CARAPAX Der harte Panzer, der den Körper einer Krabbe, eines Hummers oder einer Garnele bedeckt. Auch den Rückenpanzer einer Schildkröte bezeichnet man als Carapax.

Tropische Fische bewohnen warme Lebensräume.

CHLOROPHYLL Ein grünes Pigment, das in den meisten Pflanzen enthalten ist und bei der Fotosynthese eine wichtige Rolle spielt. Bei diesem Prozess stellen Pflanzen mithilfe der Energie des Sonnenlichts Nähr- und Aufbaustoffe her.

CORONA Schale oder Gehäuse eines Seeigels.

EROSION Bei diesem Prozess werden Gesteine oder der Erdboden allmählich von Niederschlägen, der Brandung, dem Wind oder Gletschern abgetragen.

ERSTARRUNGSGESTEIN Ein Gestein, das aus einer Gesteinsschmelze, wie Magma oder Lava, entstanden ist.

FAUNA Die Tiere, die in einem bestimmten Lebensraum vorkommen.

FLORA Die Pflanzen, die in einem bestimmten Lebensraum vorkommen.

FOSSILIEN Die Überreste oder Spuren von Lebewesen, die in Gesteinen erhalten geblieben sind.

FUCOXANTHIN Ein braunes Farbpigment, das in Braunalgen vorkommt. Es überdeckt den grünen Blattfarbstoff Chlorophyll, den die meisten Pflanzen bilden.

GEFÄHRDET Eine Tier- oder Pflanzenart ist gefährdet, wenn es nur noch so wenige Individuen gibt, dass die Art in naher Zukunft aussterben könnte.

GEZEITENZONE (EULITERAL) Der Bereich der Küste, der in regelmäßigen Abständen überflutet wird und wieder trockenfällt.

GIFT Ein giftiger Stoff, den ein Tier seinem Opfer oder einem Angreifer mit einem Stich oder Biss einspritzt.

GRANIT Ein Erstarrungsgestein mit relativ großen Kristallen, das sich tief in der Erdkruste gebildet hat.

HOCHWASSERLINIE Der höchste Stand, den das Wasser bei Flut erreicht.

HOHLTIER Ein im Wasser lebendes wirbelloses Tier, das man auch als Nesseltier bezeichnet. Die meisten Hohltiere haben einen einfach gebauten Körper. Quallen, Korallen und Seeanemonen gehören zu dieser Gruppe.

Der Scharlachsichler gehört zur Fauna der Küsten im nördlichen Südamerika.

KALZIUMKARBONAT Kalziumkarbonat ist eine chemische Verbindung, die z. B. in Kalkstein und in den Schalen von Muscheln und Schnecken vorkommt. Man nennt sie auch Kalk.

KIEMEN Atmungsorgan der meisten Wassertiere.

KORALLE Ein kleines Meerestier, das seine Beute mit Tentakeln fängt, die mit Nesselzellen besetzt sind. Viele Korallen leben in großen Kolonien und bauen die Korallenriffe auf.

KREBS Der Gruppe der Krebse gehören wirbellose Tiere mit gegliederten Beinen und zwei Antennenpaaren an.

LAVA Eine Gesteinsschmelze, die an der Erdoberfläche austritt.

LEBENSRAUM Die physikalische Umgebung oder die natürliche Umwelt, in der eine Pflanze oder ein Tier vorkommt.

MINERALIEN Natürlich vorkommende, meistens harte anorganische Stoffe. Die meisten Gesteine bestehen aus Mineralien.

MUSCHEL Ein Weichtier mit einer zweiklappigen Schale, wie eine Auster oder Herzmuschel.

NIEDRIGWASSERZONE (SUBLITORAL) Ständig vom Wasser bedeckte flache Küstenregion.

NIPPTIDE Alle 14 bis 15 Tage findet im ersten und letzten Viertel des Mondzyklus eine Nipptide statt. Bei Flut steigt das Wasser nicht sehr hoch und bei Ebbe geht es nicht sehr weit zurück.

ÖKOLOGIE Die Lehre von den Beziehungen, die Lebewesen untereinander und zu ihrer Umwelt haben.

ORGANISMUS Ein Lebewesen.

PARASIT Ein Lebewesen, das einen Abschnitt oder sein ganzes Leben in enger Verbindung mit einer anderen Art verbringt. Er ernährt sich von ihr, seinem sogenannten Wirt, erbringt aber keine Gegenleistung.

PHYCOERYTHRIN Ein rotes Farbpigment, das in Rotalgen den grünen Blattfarbstoff Chlorophyll überdeckt.

PLANKTON Winzige Tiere und Algen, die in den oberen Gewässerschichten treiben. Das Plankton verdriftet mit den Meeresströmungen.

RÄUBER Ein Tier, das andere Tiere jagt und tötet, um sich von ihnen zu ernähren.

RHIZOID Ein Haftorgan, mit dem sich ein Tang an einen Stein heftet, um nicht fortgespült zu werden.

RHIZOM Unterirdischer Teil des Sprosses, der der Pflanze als Nährstoffspeicher dient.

ROCKPOOL Anderes Wort für Gezeitentümpel; extreme Lebensräume an Küstenregionen, die keinen dauernden Zufluss vom Meer besitzen, sondern über die Gezeiten mit Wasser versorgt werden.

RÜCKENFLOSSE Die Flosse am Rücken eines Fischs.

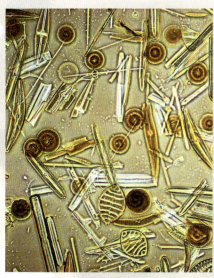
Winzige Algen und Tiere im Plankton

Wie alle Muscheln sind Miesmuscheln wirbellose Tiere.

SCHERENBEIN Ein Bein eines Krebses, das eine Schere trägt.

SCHNECKE Ein Mitglied der Klasse der Weichtiere, zu der Napfschnecken, Gehäuse- und Nacktschnecken gehören. Die meisten dieser Tiere haben einen breiten, flachen Fuß. Das Gehäuse (falls vorhanden) ist einteilig.

SEDIMENT Gesteinspartikel, die sich auf dem Meeresgrund ablagern. Das Meerwasser wird trüb, wenn das Sediment aufgestöbert wird.

SEDIMENTSCHICHTEN Schichten aus abgelagerten Teilchen erodierter Gesteine oder den Überresten von Lebewesen, die sich im Lauf der Zeit zu Gestein verfestigen.

SPRINGTIDE Alle 14 bis 15 Tage findet bei Voll- und Neumond eine Springtide statt. Das Hochwasser (die Flut) ist dann am höchsten und das Niedrigwasser (die Ebbe) am niedrigsten.

SPRITZWASSERZONE (SUPRALITORAL) Der Bereich der Küste, der oberhalb der Hochwasserlinie liegt und nur gelegentlich von Gischt besprizt wird.

SPÜLSAUM Der Saum aus angespülten Muschel- und Schneckenschalen, Tangen, Treibholz und anderem Treibgut, der am Strand zurückbleibt, wenn die Flut zurückgegangen ist.

SYMBIOSE Ein enges Verhältnis verschiedener Arten, die voneinander abhängig sind.

Symbiose zwischen Clownfischen und Seeanemonen

TARNUNG Fressfeinde können Tiere, die getarnt sind, nicht so gut wahrnehmen. Die meisten getarnten Tiere sind mit ihrer Färbung und Körpergestalt in ihrem Lebensraum schwierig zu erkennen, weil sie mit dem Hintergrund verschmelzen.

VEGETATION Die Pflanzen, die in einem bestimmten Lebensraum wachsen.

WANDERUNG Eine regelmäßige Reise, die ein Tier unternimmt, um in einen anderen Lebensraum zu gelangen. Viele Tiere wandern zu bestimmten Zeiten im Jahr zu Lebensräumen, in denen sie Nahrung finden und zu anderen Zeiten in Gebiete, in denen sie sich fortpflanzen.

WATVOGEL Eine große Gruppe von Vögeln. Viele Watvögel suchen im Spülsaum oder im Watt nach Nahrung und stochern mit ihren langen, dünnen Schnäbeln im Sand nach Würmern und anderen Beutetieren.

WIRBELLOSES TIER Ein Tier, das keine Wirbelsäule hat. Die meisten Tierarten der Erde sind wirbellos.

WIRBELTIER Ein Tier mit einer Wirbelsäule. Es gibt fünf Hauptgruppen von Wirbeltieren: Fische, Amphibien, Reptilien, Vögel und Säugetiere.

WIRT Ein Lebewesen, auf oder in dem ein Parasit lebt, der sich von ihm ernährt.

Strandhafer gehört zur Vegetation der Küsten.

Register

A
Acanthina lugubris 27
Acanthopleura brevispinosa 26
Akontien 37, 39
Algen 12, 14, 15, 18–25, 58
Algenernte 23
Alginsäure 20
Antennen 44, 46, 49
Armfüßer 10
Austern 26, 27, 43
Austernfischer 54, 64

B
Bachkrabbe 47
Basstölpel 52, 54, 55
Bifurcaria 19
Blasentang 20, 59
Blumentiere (Anthozoen) 32, 33, 36, 37
Blutstern 40
Bohrmuscheln 42
Bohrschwamm 43
Borstenkrabbe 22
Braunalgen 12, 14, 18, 20, 21, 22, 23
Brombeere 13
Brotschwamm 19, 33
Buhnen 10
Bunter Kreisel 27, 32

C D
Carapax 44
Charybdis 31
Chlorophyll 20
Clanculus pharaonis 26
Clownfische 49
Concholepas peruviana 27
Corona 28, 60
Darmalge (Enteromorpha) 18
Donnerkeile 10
Dornenkrone 40
Dreikantwurm 42
Drupa rubusidaeus 27
Dünen 8

E F
Ebbe 8, 12, 15
Edelsteinrose 36
Einsiedlerkrebse 44, 48, 49
Eisstern 29, 40, 41
Entenmuscheln 28
Erosion 8
Essbarer Seeigel 24, 28, 60
Eulitoral 12
Felsenkrabben 44
Felsküste 12, 20
Fetzenfisch 50
Fische 25, 34, 35, 49, 50, 51, 55, 61
Flechten 12, 13
Flut 8, 12
Fucoxanthin 20
Furchenkrebse 46

G
Galápagos-Inseln 44, 56, 64
Gänsefußstern 41
Garnelen 33, 38, 44, 64
Garnelenfang 62
Gemeine Strandschnecke 28
Gemeiner Seestern 40
Geruchlose Kamille 16
Gestein 9, 10, 63
Gewöhnliche Felsgarnele 38
Gezeiten 6, 8, 12, 30, 31
Gezeitentümpel (Rockpools) 30–35, 69
Gezeitenzone 12
Grasnelke 16
Großtange 12, 15, 22–25
Grünalgen 18–21
Grüner Schleimfisch 34
Guano 53

H J
Haftorgane 23, 28, 29
Haie 25, 61
Häubchenschnecke 23
Hauttang 21
Hebräerkegelschnecke 27
Hawaii 9
Herzmuscheln 59
Heuler 57
Hochwasserlinie 12, 13
Hornmohn 13
Horntang 19
Hummer 44, 46, 64
Hydrozoen 39
Hyselodoris 30
Japanischer Beerentang 18, 33

K
Käferschnecken 26, 28
Kammmuschel 36, 37, 59
Katzenhai 61
Kaurischnecken 26, 27, 32
Kegelschnecken 27, 49
Kieferfüße 45
Kiefernzapfen 61
Kliesche 50
Klippenbarsch 34
Knotentang 58
konbu 21
Korallen 37
Korallenkrabbe 47
Korallmoos (Corallina) 19, 33
Kormoran 53, 55
Krabben 31, 32, 44, 45, 47, 64
Krake 38, 56
Krebse 12, 22, 28, 31, 32, 33, 44–49, 51, 60, 63, 64
Kreide 11
Kreiselschnecken 14, 26, 27
Krustenanemonen 37
Küstenprofil 12, 13, 63

L M
Langusten 46
Laterne des Aristoteles 28
Lebensraum 67
Lecanora 13
Löffelkraut 17
Lybia tessellata 48
Macrocystis (Riesentang) 23, 24
Mannit 21
Mantelmöwe 31
Mauerpfeifer 16
Meerdattel 42
Meerfenchel 17
Meergrundeln 34, 35
Meeresschildkröte 56, 64, 65, 66
Meersalat 18, 19, 20
Meerzitrone 30
Miesmuscheln 14, 15, 22, 27, 31
Mond 8, 14
Moostierchen 15, 25, 47, 58
Muscheln 14, 15, 26, 27, 36, 37, 42, 43, 59

N O
Nacktschnecken 30
Napfschnecken 12, 14, 29, 33, 59
Nelkenkoralle 37
Nerita peloronta 27
Nesselkapseln 38
Netzreusenschnecke 32, 59
Niedrigwasserlinie 14
Niedrigwasserzone 12
Nipptide 14
Nixentäschchen 61
Nordische Purpurschnecke 14, 32
Obelia 39
Ölschiefer 11

P
Palmentang 22
Papageitaucher 52, 54, 64
Parasitismus 48
Patella aspera 14
Pelikanfuß 32
Perna viridis 27
Pfahlrohr 59
Pferdeaktinie 32, 36
Pferdemuschel 15
Phycoerythrin 20
Phylloid 23
Plankton 14
Plocamium 18
Polstersterne 33, 41
Portugiesische Galeere 38
Purpurkreiselschnecke 14
Purpurseeigel 43

Q R
Quallen 36, 38
Ramalina 13
Rankenfüßer 12, 44
Rhizoid 22
Rhizom 59
Riementang 21
Rinnentang 13, 19
Röhrenwürmer 36, 37, 42, 47, 48, 59
Rotalgen 18–23

S
Sabella 42
Saccostrea cucullata 27
Sacculina 48
Sackwurzeltang 23
Sägetang 20, 23
Salzkonzentration 12, 16
Samtkrabbe 60
Sandkraut 12
Sargassosee 18
Sargassum 20
Sattelmuschel 14
Saugfisch 35
Scheren 44, 45, 46, 49, 60
Schlangensterne 10, 40
Schleimfische 32, 34
Schlitzwegerich 17
Schmarotzerrose 48
Schnecken 13, 14, 23, 26–30, 32, 33, 48, 49, 59, 62, 64
Schnorcheln 68
Scholle 51
Schreckabwurf 45
Schwämme 19, 33, 43
Schwimmblasen 20, 58
Schwimmkrabben 31, 32, 60
Seeanemonen 36–39, 48, 49
Seefeder 19
Seegras 12, 64
Seegurken 40
Seehase 30
Seehund 56, 57
Seeigel 24, 28, 33, 40, 42, 43, 50, 51, 60
Seelilien 10
Seenadeln 35
Seenelke 36
Seeohren 26
Seeotter 56
Seepocken 12, 15, 37, 44, 47
Seeschmetterling 51
Seeskorpion 35
Seesterne 29, 31, 40, 41, 64
Seewespe 38
Serpula 42
Silbermöwe 52, 54, 55
Skorbut 17
Sonnenstern 41
Spornblume 17
Springflut 14
Spritzwasserzone 12
Spülsaum 58
Staatsquallen 38
Stachelhäuter 40
Stachelschnecken 14, 27
Steinfisch 51
Sterntang 21
Strandflieder 16
Strandhafer 8
Strandkrabbe 44
Strandküling 51
Strandschnecken 13, 28, 33
Strandseeigel 50, 51
Sublitoral 12, 14
Supralitoral 12
Symbiose 49

T
Tangrose 37
Tarnung 50, 51
Taschenkrebs 45, 51
Tauchen 62
Thallus 18, 19, 20, 22, 23, 25
Thymian 17
Tidenhub 14
Tidenkalender 63
Tordalk 52
Trottellumme 52, 54, 55

V W
Vermehrungskörper 19
Verschmutzung 20, 58, 62–63, 65, 66–67
Veruccaria 13
Vögel 18, 31, 52, 53, 54, 55, 69
Vogelbeobachtung 69
Vogelfelsen 52
Wachsrosen 33, 37, 38, 39
Wale 56
Walross 56
Wasserproben 63
Weichtiere 10, 11, 26–29, 30, 42–43, 64
Wellen 6, 8, 12, 22, 64
Wellhornschnecke 48, 49, 59, 61
Wind 6, 8, 12, 16, 17, 22, 61

X Z
Xanthorina 13
Zeigerpflanzen 62
Zuckertang 21
Zweigfadenalge (*Cladophora*) 19

Dank und Bildnachweis

Der Autor und Dorling Kindersley danken Dr. Geoff Potts und der Marine Biological Association of the United Kingdom, dem Booth Museum of Natural History, Brighton, für die Exemplare auf den Seiten 52–55, Trevor Smith's Animal World, Collins und Chambers, Wallace Heaton, Jane Williams, Jonathan Buckley, Barney Kindersley und Dr. David George, Dr. Paul Cornelius, Dr. Bob Symes, David Moore, Ian Tittley, Arthur Chater, Dr. Ray Ingle, Gordon Patterson, Dr. John Taylor, Solene Morris, Susannah van Rose, Alwyne Wheeler, Chris Owen und Colin Keates vom Natural History Museum, Richard Czapnik und Carol Davis für die Hilfe bei der Gestaltung. Ella Skene für das Register, Victoria Sorzano, Fred Ford von Radius Graphics für die Illustrationen und David Burnie für seine Beratung.

Illustrationen: John Woodcock

Bildrecherche: Elizabeth Eyres

Poster: Steve Setford, Peter Radcliffe

Der Verlag dankt folgenden Personen und Institutionen für die freundliche Genehmigung zum Abdruck von Fotos:

(Abkürzungen: o = oben, go = ganz oben, u = unten, m = Mitte, l = links, r = rechts, Hg = Hintergrund)

Heather Angel: 12ur, 23ml, 30gor, 34gol & u, 49ur, 69gol; Ardea London Ltd: 54ul; Atlantide SNC/Bruce Coleman Ltd: 67u; Leo Batten/FLPA – Images of Nature: 69m; Erik Bjurstrom/Bruce Coleman Ltd: 70ul; Liz and Tony Bomford/Ardea London Ltd: 66 mr; B Borrell/FLPA: Images of Nature, 66m; Mark Boulton/Bruce Coleman Ltd: 8gol; Professor George Branch: 12u; Jane Burton/Bruce Coleman Ltd: 45gol; Bob & Clara Calhoun/Bruce Coleman Ltd: 37m, 43m; N Callow/NHPA: 31; G J Cambridge/NHPA: 15m; Laurie Campbell/NHPA: 24go; James Carmichael Jr/NHPA: 49ul; C Carvalho/Frank Lane: 23mr; Judith Clarke/Bruce Coleman Ltd: 71ur, Eric Crichton/Bruce Coleman Ltd: 20gol, Nicolas Devore/Bruce Coleman Ltd: 9m, Adrian Evans/Hutchison Library: 10m; Mary Evans Picture Library: 8m, 14gol, 18 & 19u, 20u, 23gor, 26gol, 27, 30gol, 36, 38gol, 47gor, 53gol, 55gol, 56gor & m, 58ul, 59gor; Kenneth W Fink/Ardea London Ltd: 56ul; Jeff Foott/Bruce Coleman Ltd: 24u, 30ml, 31ul; Neville Fox-Davies/Bruce Coleman Ltd: 25m; J Frazier/NHPA: 50gor; Pavel German/NHPA: 50gor; Jeff Goodman/NHPA: 40mr & ur; Robert Francis/Robert Harding Picture Library: 67gor; Mark E Gibson/Corbis: 68ul; Francois Gohier/Ardea London Ltd: 69r Chris Gomersall/Bruce Coleman Ltd: 71gom P Guegan/Sunset/FLPA: 67gol; Ian Griffiths/Robert Harding Picture Library: 9u, 11ul; Michael Holford/Victoria and Albert Museum: 26ur; Scott Johnson/Victoria and Albert Museum: 31ur, 48m; Tony Jones/Robert Harding: 11gor; M P Kahl/Bruce Coleman Ltd: 8ul; Franz Lanting/Bruce Coleman Ltd: 12gol Richard Matthews/Seaphot Ltd: Planet Earth Pictures: 55m; Marine Biological Association of the United Kingdom: 62gor; John Mitchell/Oxford Scientific Films: 66gol Mark Newman/FLPA: 67ml; M Nimmo/Frank Lane: 8gor; Fritz Polking GDT/Frank Lane: 44m, 64gor; Dr Geoff Potts: 30u; Mike Price/SAL/Oxford Scientific: 65ur; Niall Rankin/Eric Hosking: 54ur; Joel W Rogers/Corbis: 66u; Walter Rohdich/FLPA: 65go; Ann Ronan Picture Library: 8ur; John Taylor/Bruce Coleman Ltd: 43ur; Kim Taylor/Bruce Coleman Ltd: 39gor; Roger Tidman/Frank Lane: 10gor; M I Walker/NHPA: 71ul; W Wisniewski/FLPA: 67; Norbert Wu/NHPA: 64u; Bill Wood/NHPA: 40ml; Gunter Ziesler/Bruce Coleman Ltd: 29u.

Poster: Dorling Kindersley: Natural History Museum, London mo.

Cover: Vorn: Corbis: Srdjan Zivulovic / Reuters gor. Getty Images: Photographer's Choice / Mark Lewis u.

Alle anderen Abbildungen © Dorling Kindersley
Weitere Informationen unter www.dkimages.com

Weitere Themen in dieser Reihe:
(Bandnummer in Klammern)

Das alte Ägypten (8)
Das alte Griechenland (21)
Das alte Rom (38)
Autos (25)
Azteken, Inka & Maya (28)
Bedrohte Tiere (5)
Burgen (24)
Christentum (34)
Computer (51)
Demokratie (30)
Dinosaurier (1)
Edelsteine & Kristalle (62)
Eisenbahnen (19)
Die ersten Menschen (26)
Evolution (50)
Fische (13)
Flugmaschinen (41)
Fossilien (47)
Fußball (53)
Geld (59)
Gesteine & Mineralien (17)
Große Entdecker (12)
Große Musiker (42)
Große Wissenschaftler (33)
Haie (10)
Hunde (39)
Indianer (18)
Insekten (35)
Islam (56)
Katzen (23)
Klimawandel (11)
Kriminalistik (44)
Der Mensch (2)
Das moderne China (58)
Mond (57)
Musikinstrumente (14)
Mythologie (31)
Naturwissenschaften (7)
Ozeane (32)

Pferde (43)
Pflanzen (48)
Piraten (36)
Pyramiden (60)
Raubtiere (52)
Regenwald (20)
Ritter (16)
Säugetiere (45)
Schätze (6)
Spione (9)
Städte (3)
Strand & Meeresküste (55)
Teiche & Flüsse (27)
Titanic (22)
Vögel (29)
Vulkane (37)
Waffen & Rüstungen (61)
Wasser (40)
Weltall (15)
Wetter (46)
Wikinger (49)
Wirtschaft (4)
Der Zweite Weltkrieg (54)